Mitología celta

Un apasionante recorrido por los mitos y los dioses celtas

Índice

Introducción

La palabra mito evoca imágenes diferentes para cada persona. Muchos piensan en los conocidos dioses griegos y romanos. Otros pueden imaginarse mundos distintos del planeta Tierra. La palabra mito puede evocar imágenes de criaturas con poderes sobrenaturales que se utilizan para el bien y para el mal.

El mito se asocia a menudo con falsedades o mentiras. Las definiciones de la palabra en los diccionarios varían desde narrativa a historias tradicionales creadas por los pueblos primitivos o cuentos inventados. Según las investigaciones y lo que podemos deducir hoy en día, los mitos eran historias compartidas oralmente con un propósito.

El propósito de los mitos podía ser entretener, de forma similar a las narraciones e historias de ficción actuales. Algunos mitos pretendían explicar. Por aquel entonces, la gente no entendía del todo cómo se formó la Tierra, qué causaba los truenos o qué ocurría cuando la gente moría. Estos mitos se asemejan a lo que hoy en día son obras explicativas o informativas. Otros mitos contados por nuestros antiguos antepasados relataban comportamientos de la gente. A través de estas historias y ejemplos, se establecieron normas y costumbres sociales. Estos mitos se encuadrarían en las categorías actuales de libros de persuasión o autoayuda.

Como sea que se clasifiquen los mitos, estos relatos atemporales siguen explicando posibilidades sobre el principio y el fin del tiempo, la vida después de la muerte, las catástrofes naturales y lo que motiva a la gente.

Seguir las hazañas de los personajes de los mitos proporciona modelos de conducta sobre qué hacer y qué no hacer. Encontrar la fuerza para crecer, transformarse y afrontar los retos puede experimentarse con solo leer los mitos del pueblo celta. Las trascendentales batallas libradas por héroes que defendieron sus creencias siguen inspirando asombro en los lectores.

Nunca se insistirá lo suficiente en la importancia de los mitos a la hora de comprender la historia. Para entender mejor una cultura, a veces el mejor punto de partida es lo que la gente contaba a los demás. Esperamos que disfrute de su viaje por la mitología celta y que aprenda algo nuevo sobre este fascinante pueblo.

PRIMERA PARTE: Dioses, diosas y mitología: Una visión general

Capítulo 1: ¿Qué es la mitología?

Mito es un término de uso frecuente. Cuando alguien cuenta una historia extravagante, los oyentes responden: «Eso parece un mito». Si alguien quiere disipar una idea o creencia, dirá: «Es solo un mito». Las historias sobre sucesos insólitos se tachan hoy de mitos urbanos, como los frecuentes avistamientos de Elvis Presley. Estas connotaciones llevan a muchos a creer que los mitos son falsedades u obras de ficción.

Clasificar los mitos como ficción es en realidad un mito. Nunca se pretendió que los mitos fueran ficción o no ficción. Los primeros narradores de mitos contaban verdades universales. En todo el mundo, la gente ha utilizado los mitos para explicar la naturaleza humana y el mundo físico que los rodea. Todas las culturas tienen sus propios mitos, que se han contado y vuelto a contar de generación en generación.

Dado que los mitos no son ni ficción ni no ficción, ¿qué son? Los mitos tienen muchas capas de significado. Pretenden ser más que una historia y contienen verdades para cada oyente. La exploración de los mitos da respuesta a preguntas eternas y esenciales sobre la vida.

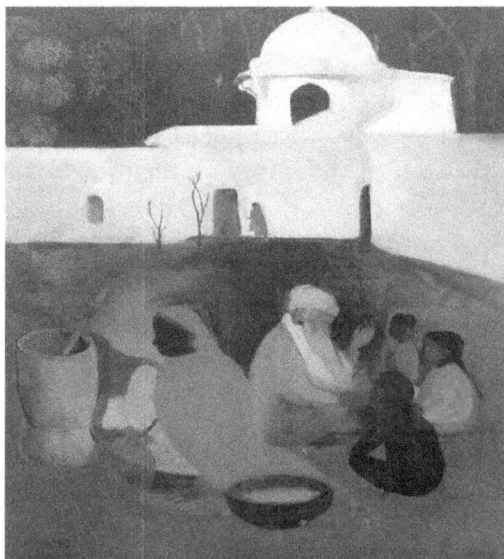

Cuentacuentos antiguos
https://www.wikiart.org/en/amrita-sher-gil/ancient-storyteller-1940/

Aunque las culturas pueden estar separadas por miles de kilómetros, todas ellas desarrollaron mitos en torno a temas comunes o para responder a preguntas similares, aunque no existieran buenos medios para compartir sus historias. La exploración sobre los orígenes del universo puede encontrarse en los mitos primigenios o de la creación. La explicación de los fenómenos que ocurren en el mundo puede descubrirse en los mitos de la naturaleza. Las guías para vivir una buena vida se muestran en los mitos sobre las personas a través de una plétora de seres. La cuestión de la eternidad y lo que ocurre cuando morimos se investiga en los mitos sobre el más allá.

Como los mitos eran historias desde los primeros días de los humanos, los primeros nunca se escribieron. Se compartían a través de la tradición oral y evolucionaban de narrador en narrador y de generación en generación. Estas historias se aceptaban como verdades universales sobre las que las sociedades seguían desarrollándose.

Los primeros celtas no tenían registros escritos. Los celtas desconfiaban de los registros escritos cuando otras tribus y culturas empezaron a escribir. Por eso, cuando se escribieron sus relatos tradicionales, había grandes diferencias en las historias y en los detalles con respecto a los relatos originales. Al leer los mitos hoy en día, se pueden descubrir múltiples iteraciones de la misma historia.

Los mitos sobre el principio del mundo o del universo suelen denominarse mitos de la creación o primigenios. En estas historias se ofrecen posibles respuestas a preguntas sobre los orígenes del universo, las personas y las criaturas. En esta agrupación de mitos se explora un tema que aún se debate hoy en día: ¿Cómo aparecimos nosotros y el universo? Los pueblos antiguos intentaban comprender el mundo que habitaban, al igual que nosotros en la actualidad.

Los mitos de la creación y primigenios crean orden a partir del caos y sirven de base para otros mitos. Dado que esta categoría de mitos explica cómo surgió el mundo y todo lo que hay en él, se consideran los más sagrados.

En muchas culturas se utilizan motivos similares para ilustrar cómo los dioses formaron la Tierra a partir del desorden. El agua y las inundaciones se utilizan a menudo en los mitos para crear o recrear el mundo físico a partir del espacio vacío del cosmos. En las historias, se sabe que los dioses inundan el mundo como castigo por los comportamientos indeseados de sus habitantes. Las inundaciones también permiten a los dioses recrear el mundo si no están satisfechos con sus primeros intentos. Del abismo acuoso surge un nuevo mundo.

La mayoría de las culturas tienen mitos de la creación. Sin embargo, en la mitología celta no hay una historia cohesionada que ilumine los orígenes del mundo. Como no escribieron sus propias historias al principio, no se dispone de registros escritos de sus primeros mitos. Sin embargo, se cree que los celtas veían los estadios preliminares del Cielo y la Tierra como dos gigantes. A partir de estos dos enormes seres, se crearon numerosos descendientes.

El Cielo y la Tierra tenían descendientes que eran seres de luz o seres de oscuridad. A los seres de luz también se los llamaba hijos del Cielo. A los seres de las tinieblas se los consideraba hijos de la Tierra y se los llamaba Titanes por su enorme tamaño. Los hijos eran completamente opuestos entre sí.

En su mundo había muy poco espacio. El Cielo yacía sobre la Tierra, y los niños estaban confinados entre los dos padres. Los confines de su situación vital provocaron una creciente hostilidad entre los grupos de vástagos. Uno de los hijos de la Tierra asesinó a su padre y se declaró Titán, convirtiéndose en el líder de ambos grupos.

Sin embargo, los seres de luz se negaron a reconocer al rey Titán como su líder y lucharon contra él. El rey Titán perdió la batalla y fue relegado a una existencia nómada. El cielo fue creado con el cráneo de la Tierra. La sangre que manó del cadáver de su padre provocó una inundación masiva.

Después de que la inundación se calmó, un nuevo rey fue nombrado: Padre Cielo. Sin embargo, el rey de los Titanes regresó de su errancia. Había reinado sobre la creación durante la oscuridad y el frío. Luchó contra el Padre Cielo, que trajo la luz. A pesar de los feroces intentos del rey de los Titanes, el Padre Cielo siempre gana las batallas. Por eso la oscuridad se desvanece en claridad y por eso el invierno surge después del verano.

Los mitos de la creación, como este, proporcionan una base para que surjan todos los demás dioses. Además, a partir de esta agrupación de historias tradicionales, otros mitos proporcionan un razonamiento para que los primitivos comprendieran cómo aparecían o funcionaban otros elementos del mundo. Las explicaciones de los fenómenos naturales, incluida la aparición de los seres humanos, se basan en los mitos de la creación.

La vida humana y la naturaleza se entrelazan en sus historias y en cómo surgió cada una de ellas. Los mitos describen los extremos de la naturaleza. Las fuerzas de la naturaleza pueden ser inestables y brutalmente destructivas. Sin embargo, la naturaleza también nutre. A partir de ella se sustenta la vida, y las maravillas de la naturaleza dan esperanza y asombro. Los ciclos de los mitos que explican la condición humana reflejan los ciclos de la naturaleza. Las metáforas del ciclo de la vida y de las estaciones se entretejen a menudo en los mitos.

En los relatos sobre el poder de la naturaleza intervienen muchos dioses. A través de los papeles y ejemplos de los poderes superiores, los pueblos primitivos recibieron el mensaje de honrar a la naturaleza y tratarla con respeto.

Los mitos de muchas culturas incluyen una poderosa inundación o diluvio de agua. Estas historias demuestran el poder de la naturaleza. Los dioses utilizaban la inundación o la amenaza de inundación como castigo. Si los habitantes de la Tierra no se comportaban de una manera que complaciera a los dioses, el poder limpiador del agua les daba una forma de empezar de nuevo.

Una conocida historia de inundación y renacimiento es la de los hebreos. En la historia del arca de Noé, la gente fue castigada, aunque unos pocos fueron seleccionados para sobrevivir y continuar el ciclo de la vida. Las fuerzas destructivas de la naturaleza condujeron a la restauración de la vida. Estos mitos muestran los poderes curativos junto a las fuerzas perjudiciales de la naturaleza.

A partir de la historia del arca de Noé, llegaron los primeros habitantes a Irlanda. La nieta de Noé, Cessair, condujo al primer pueblo a Irlanda para escapar del inminente diluvio. Como ocurre con muchos mitos celtas, existen numerosas variaciones. Algunos afirman que esta historia cristianiza un mito anterior, pero la historia es interesante y nos llega del *Lebor Gabála Érenn*, que combina el cristianismo con las tradiciones paganas.

Folio 53 del Libro de Leinster, que contiene el Lebor Gabála Érenn («Libro de la toma de Irlanda»)

https://en.wikipedia.org/wiki/File:Book_of_Leinster,_folio_53.jpg

Al padre de Cessair, Bith, no se le permitió viajar en el arca de Noé. Sabiendo que se acercaba un diluvio devastador, Cessair necesitaba orientación. Pidió consejo a un ídolo, que dijo a Cessair y a su padre que su único medio de escapar sería construir un barco. Después de construir tres barcos, Cessair seleccionó a mujeres con diferentes habilidades para que se unieran a ellos en su viaje.

Otras versiones cuentan que Bith tuvo que pedir a Cessair que le permitiera viajar en sus barcos. Ella solo accede a dejarlo subir si reconoce que ella es la líder.

Como en la actual Irlanda no vivía nadie (al menos, según la historia), Cessair condujo sus tres barcos hacia un lugar seguro. Sin ningún habitante en Irlanda, no podrían haber sufrido la ira de los dioses.

Tras un largo viaje, por fin llegaron. Sin embargo, solo uno de los barcos desembarcó sano y salvo. Junto con Cessair, sobrevivieron al viaje 49 mujeres y 3 hombres (algunas versiones señalan que Bith sobrevivió, aunque murió después de embarazar a 16 mujeres). Las mujeres se reparten a partes iguales con los hombres para poblar la tierra. Estos colonos se consideran los antepasados originales de los irlandeses.

Los mitos que explican los fenómenos naturales y la creación se construyen unos sobre otros. Su interconexión conduce a otra función importante de los mitos. En las sociedades antiguas, los mitos se compartían para ayudar a estructurar la propia sociedad. A través de las aventuras de dioses, diosas y embaucadores se aprendían rasgos y expectativas importantes de la sociedad. Todas las culturas tienen una serie de dioses que representan distintos valores.

Además, los dioses gobernaban o supervisaban diferentes reinos del mundo. Estas funciones influían en la vida cotidiana de todos los miembros de la sociedad, ya que estos seres divinos guiaban a los habitantes. Sus dominios abarcaban desde las estaciones de crecimiento hasta la crianza de una familia o las batallas en la guerra. Rendir culto a los dioses era una forma de asegurar una cosecha abundante, tener hijos sanos y librar batallas con éxito. El respeto a los dioses se consideraba necesario para la supervivencia, por lo que los rituales y las oraciones formaban parte de la vida cotidiana de las sociedades del pasado.

A través de los mitos, se mostraban a las sociedades rasgos que debían emular. Algunos dioses y diosas aparecían como héroes o heroínas y a menudo tenían poderes o fortalezas inusuales. Las historias a menudo implican el viaje del personaje principal para superar o luchar contra un monstruo o demonio. Sus triunfos los convertían en héroes dignos de alabanza y el pueblo debía imitar los rasgos de personalidad que los habían llevado al éxito.

Los héroes se revelan como alguien valiente, ingenioso o poderoso. Aportan un atributo importante que la sociedad necesita. Pueden aportar fertilidad, paz o música. Como héroe, es un modelo a seguir y se comporta de acuerdo con las expectativas de la sociedad. Sus habilidades únicas se demuestran cuando son desafiados por una fuerza negativa. Aunque tenga algún punto débil, es capaz de superar todos los obstáculos y salir victorioso.

Otra figura que aparece en muchos mitos son los embaucadores. Estos sirven para varias cosas. Por ejemplo, pueden mostrar los rasgos opuestos de las personas. El contraste entre hacer lo que se espera en la sociedad, o seguir los caprichos y romper las reglas se ve a través de las acciones de los embaucadores. Estos personajes disfrutan de la vida gastando bromas a la gente y a los dioses. Pueden cambiar de forma y transformarse tanto en humanos como en animales.

Los embaucadores actúan según impulsos y necesidades que a los humanos se les enseña a controlar. A través de los cuentos de embaucadores, la gente ve los resultados de la locura humana. Las fechorías de los embaucadores refuerzan los comportamientos socialmente correctos.

Los embaucadores son criaturas astutas, pero también demuestran la necesidad de autorreflexión e introspección social. Estos astutos personajes están dispuestos a desafiar a la autoridad, y en esta capacidad, su papel es retar a la gente a cuestionar las normas sociales. Cuando un embaucador rompe una norma, demuestra que algunas reglas deben cuestionarse y no obedecerse automáticamente.

Uno de los embaucadores de la mitología celta es Gwydion. Sus historias y hazañas aparecen en *Las cuatro ramas de los Mabinogi*. Gwydion puede cambiar de forma y transformar a otros en diferentes animales. El uso que hace de sus habilidades mágicas oscila entre la venganza y la benevolencia.

Con su tío Math, Gwydion crea a Blodeuwedd. Esta joven fue creada para casarse con Lleu Llaw Gyffes, ya que la madre de Lleu había condenado a su hijo a vivir sin una esposa humana. A partir de flores y un roble, Math y Gwydion formaron a la encantadora Blodeuwedd. Sin embargo, ella acaba siendo infiel a Lleu. Como penitencia, Gwydion convierte a Blodeuwedd en un búho.

Además de los cuentos que demuestran la capacidad de un embaucador para castigar a la gente por hacer daño a un familiar, el propósito de otros mitos es explicar el final de la vida y el más allá. Una pregunta que se ha formulado a lo largo del tiempo es: ¿qué ocurre cuando la gente muere? Esta categoría de mitos, la escatología, explica los finales, no solo de la muerte, sino también el fin del mundo.

Además de explicar la muerte, hay un conjunto de mitos que preparan a la gente para el fin del mundo. Los mitos completan el ciclo completo, explicando desde la creación del mundo hasta su catastrófico final.

Algunos mitos advierten de posibles desastres como consecuencias de comportamientos negativos; otros muestran un ciclo de renovación en el que el mundo se recreará a sí mismo. Y otros mitos explican que la muerte de los mortales se produce como castigo.

Para mitigar el miedo a lo desconocido, los dioses realizan excursiones al inframundo que permiten a los mortales ver y experimentar atisbos del mundo del más allá. En algunas creencias y mitos, después de la muerte, el alma o espíritu de un ser humano seguirá viviendo. En algunas culturas, solo los espíritus de ciertas personas seguirán viviendo después de la muerte. En ese caso, los dioses determinan a qué alma se le permite pasar de esta vida a la siguiente.

En la mitología celta, el mundo posterior a este suele denominarse el Otro Mundo. Como ocurre con otros temas de la mitología, el Otro Mundo puede variar desde un lugar de asombro hasta un lugar al que temer.

En algunas versiones del Otro Mundo, los mortales se unen a las deidades, ya que los dioses residen allí. Otros relatos transportan a un espíritu a una tierra de eterna juventud. «La tierra de la juventud» cuenta la historia de Oisín. Se enamoró de Niamh de los cabellos de oro. Ella era la hija del rey del tierra de la juventud, también conocido como Tír na nÓg. Felizmente casados, Oisín y Niamh vivieron durante años en el reino de su padre.

Oisín y Niamh de camino a Tír na nÓg por Thomas Wentworth Higginson de *Tales of the Enchanted Islands of the Atlantic*
https://commons.wikimedia.org/wiki/File:Frontispiece--
Tales_of_the_Enchanted_Islands_of_the_Atlantic_1899.jpg

Deseoso de visitar su tierra natal, Oisín viajó de vuelta a Irlanda. Niamh advirtió a Oisín que no se apeara de su caballo. Si se apeaba, nunca podría regresar a Tír na nÓg. Mientras Oisín cabalgaba por Irlanda, se dio cuenta de que había estado fuera durante cientos de años.

Continuó explorando su antigua patria. Mientras viajaba, un grupo de hombres pidió ayuda a Oisín. Necesitaban ayuda para levantar losas de mármol. Oisín se agachó de su caballo y resbaló. Cuando Oisín aterrizó en el suelo, empezó a envejecer de inmediato. Su oportunidad de una existencia juvenil se había esfumado.

El Otro Mundo celta era un espacio indefinible. Podía estar situado en cualquier parte. Podía formar parte de este mundo, estar a la deriva en las nubes o ser un lugar que flotaba entre todos los reinos. La mayoría de los celtas creían que había una vida después de la muerte.

Las preguntas sobre la vida después de la muerte y otras incertidumbres que se planteaban los pueblos antiguos se siguen planteando hoy en día. La gente quiere que su vida tenga un sentido y un propósito. La mitología sigue dando respuestas a preguntas eternas. Los mitos nos proporcionan una conexión con el pasado y otras culturas. También conectan a las personas como una gran familia con preocupaciones y necesidades similares.

Los mitos no dan una respuesta prescriptiva a ninguna pregunta sobre la vida, la muerte y la comprensión de las personas. Por el contrario, permiten que la gente desarrolle sus propias interpretaciones y explicaciones basadas en personajes y acontecimientos con los que todo el mundo puede identificarse. Dejar que la gente desarrolle su propia verdad basándose en un hilo conductor que ha perdurado durante miles de años nos permite estar más conectados con el pasado de lo que uno podría haber pensado antes.

Originalmente, los mitos establecían un sistema de creencias o una religión para la gente de antaño. Las historias proporcionaban una base para dar sentido al caos. Dioses, diosas y otros poderes sobrenaturales establecían expectativas sobre el comportamiento de sus seguidores. Los mitos reconocen que existe una fuerza superior a la que las personas pueden explicar y proporcionan un sentido de dirección en un mundo a veces tumultuoso.

Capítulo 2: El paganismo y la creencia en múltiples dioses

Los paganos y el paganismo tienen distintas definiciones dependiendo de la época. Cuando el cristianismo se estaba extendiendo por el mundo, el paganismo se consideraba una religión o sistema de creencias no cristiano. Esa definición también incluye descripciones del paganismo como religión precristiana. Un pagano es alguien cuyas creencias religiosas no siguen las de las principales religiones del mundo, como el cristianismo, el hinduismo, el islam o el judaísmo.

El paganismo es una religión de los pueblos más antiguos. Esta antigua religión rinde culto a muchos dioses, lo que la clasifica como un sistema de creencias politeísta. Además, el paganismo ve lo divino en todos los aspectos del universo. Los paganos deifican la naturaleza, ya que los dioses están en todo.

Los antiguos celtas practicaban el paganismo y su religión era un componente importante de sus vidas. Al igual que otros contemporáneos de los celtas, su dependencia de la naturaleza hacía que el mundo natural fuera extremadamente importante. Por ello, muchas de sus creencias espirituales estaban relacionadas con el mundo físico. El reino terrenal de los celtas abarcaba las actuales Irlanda, Escocia, Gales, Cornualles, Isla de Man y Bretaña.

Se cree que los celtas habitaron estas zonas desde aproximadamente el año 1000 a. C. hasta la Edad de Hierro, la época romana y la posromana. La palabra «celta» procede del griego y significa bárbaro. Los antiguos celtas eran fieros guerreros, de ahí su reputación de «bárbaros». Se ha recopilado mucha información sobre los celtas a partir de los escritos de los historiadores romanos. Como pueblos analfabetos, los celtas decidieron no escribir su historia. Los celtas también hablaban un grupo de lenguas afines. Aunque había varias tribus celtas, eran similares en muchos aspectos, incluida su cultura.

Mapa de los celtas en Europa

QuartierLatin1968, CC BY-SA 3.0 <http://creativecommons.org/licenses/by-sa/3.0/>, vía Wikimedia Commons; https://commons.wikimedia.org/wiki/File:Celts_in_Europe.png

La religión también fue un factor unificador para los celtas. Sin embargo, dependiendo de la zona, había variaciones en los dioses que adoraban y en sus sistemas de creencias.

Los dioses más venerados afectaban a la vida cotidiana de los celtas. Por ejemplo, como era impredecible encontrar fuentes de alimentos, se veneraba a las deidades relacionadas con la caza y las cosechas. Diferentes dioses locales y regionales proporcionaban protección durante las batallas con otras tribus. Otros dioses que proporcionaban dirección y fuerza reinaban sobre las necesidades medicinales, las preocupaciones familiares y los asuntos tribales.

Además de la importancia de dioses y diosas en sus vidas, los antiguos celtas consideraban sagrados a los animales. Estos venerados espíritus se incorporaban a menudo al diseño del armamento. Ir a la batalla con fuerzas estimadas de la naturaleza proporcionaba a los guerreros protección y el apoyo de los espíritus. Se creía que los talismanes, que tenían una gran variedad de formas y significados, alejaban los peligros y la negatividad. Estos amuletos proporcionaban una conexión entre el cielo y la Tierra.

La transición de esta vida al Otro Mundo formaba parte de las creencias celtas. Se creía que el Otro Mundo era similar a este, pero más positivo. Los celtas enterraban a los líderes y a los soldados valientes con diferentes posesiones para prepararlos para la siguiente vida. A veces también enterraban a gente corriente con objetos, pero muchos eran incinerados. Los aspectos difíciles y desafiantes de este mundo se eliminaban en la otra vida. Por ejemplo, la enfermedad, la guerra y la tristeza no existían en el más allá. Por lo tanto, los antiguos celtas no temían a la muerte cuando sus almas partían al Otro Mundo.

Aunque los celtas tenían puntos en común en su religión, el paganismo era y es un sistema de creencias amplio y variado. Su culto puede adoptar muchas formas. Los grupos podían reunirse para adorar y honrar a dioses juntos, o los individuos podían rezar por su cuenta. Los paganos no necesitaban edificios en los que congregarse para las ceremonias, aunque posteriormente se construyeron algunos templos. Los paganos creen en una fuerte conexión entre la naturaleza y sus deidades. Así, las celebraciones de las deidades tienen lugar en la naturaleza.

Las creencias paganas de los antiguos celtas se basan en el mundo natural. No tenían una liturgia establecida para sus servicios. En cambio, durante sus rituales, los paganos querían que todos experimentaran una conexión con la naturaleza, su ser supremo.

Como la naturaleza está en todas partes, también lo están los dioses y deidades paganos. Las personas no eran superiores a ningún elemento de la naturaleza. Sin embargo, a través de sus rituales, se producía una unión entre el pueblo y las deidades. Al honrar todo lo que proporciona la naturaleza, los paganos sumergían sus cuerpos, mentes y espíritus en su culto. Un conjunto prescrito de creencias o doctrinas no habría permitido a los creyentes acceder a sus verdades espirituales.

Los paganos creían que todos los componentes de la naturaleza contenían un espíritu. La propia naturaleza era vista como la expresión física de la divinidad porque la naturaleza procedía de un poder sobrenatural. Los paganos exploraban y estudiaban los fenómenos naturales para comprender la causa de los acontecimientos. La naturaleza proporcionaba a los antiguos creyentes señales enviadas por los dioses. Por el contrario, en las sociedades paganas, los adivinos pedían información a las deidades. En la práctica de la adivinación, los videntes leían las señales de los dioses para predecir acontecimientos futuros.

Dado que el paganismo impregnaba todos los aspectos de la vida cotidiana, muchos de los dioses simbolizaban elementos de la vida diaria. Sus deidades se representaban como masculinas, femeninas o sin género determinado. Tenían forma humana y las mismas debilidades que las personas. Aunque las deidades no eran perfectas, se las veneraba por su perspicacia y poder.

Otro aspecto del paganismo es el panteísmo. Este principio expresa la interconexión del universo. Los dioses son fuerzas separadas del universo, pero las deidades y el universo son una fuerza combinada. Los dioses están arraigados en el universo, lo que hace del universo una entidad viva.

Por lo que se sabe, los antiguos paganos celtas tenían más de cuatrocientos dioses y diosas. No todas las deidades eran adoradas por todas las tribus celtas. Había muchos dioses regionalizados. Por ejemplo, el río o arroyo local de una tribu tenía su propio dios. Por lo tanto, un dios de un río podía tener numerosos nombres, cada uno de ellos específico de un río cercano al lugar donde se encontraba una tribu. De los más de cuatrocientos dioses del antiguo panteón celta, solo unos cien nombres se utilizaban en varias zonas. Los trescientos nombres restantes solían utilizarse una sola vez.

El culto pagano era comunitario e individual. Los dioses de las antiguas sociedades celtas se celebraban individualmente o estaban vinculados a los antepasados y al hogar. Se celebraba tanto a los antepasados por su vida como a los recién fallecidos. A menudo se erigían monumentos en su memoria. Al combinar la conexión con los antepasados con el culto a la domesticidad, los paganos trataban de vincular el pasado, el presente y el futuro. De este modo, se protegía la continuidad del sistema de creencias familiar de generación en generación.

Las deidades celebradas de forma más colectiva representaban distintos aspectos de la naturaleza, el trabajo manual, la guerra y los animales. Había dioses del trueno, del sol, de los ríos, etc. Los dioses que ayudaban en la curación utilizaban fuerzas de la naturaleza. La artesanía era una parte importante de la vida cotidiana, por lo que había dioses para las artes, la artesanía y la poesía. Parte de la supervivencia era la capacidad de luchar, por lo que se pedía ayuda a los dioses de las armas y la guerra. Otro grupo importante de deidades eran los dioses de los animales. Estos dioses representaban animales o sus rasgos y podían transformarse en ellos.

Los dioses de los antiguos paganos celtas ilustran su fuerte creencia en la naturaleza. Se celebraban ceremonias y rituales para celebrar sus creencias u honrar a las deidades. A menudo, las celebraciones comenzaban con un círculo ritual. Símbolo de eternidad y del ciclo de la vida, los círculos no tienen principio ni fin. Además, el círculo ritual de los paganos denotaba inclusividad; todos eran iguales dentro de él.

El calendario solar registra el equinoccio y el solsticio. En los días del equinoccio de primavera y de otoño, la noche y el día tienen la misma duración. El solsticio de invierno y de verano celebra los días más cortos y más largos del año. Estos días y sus correspondientes festivales servían para reflexionar sobre los cambios ocurridos durante el último ciclo del año. Los antiguos celtas creían que equilibrar el agradecimiento, por todos los dioses que habían proveído a lo largo del año, con el desagradecimiento, por lo que se había perdido, era importante para evitar el pecado de la autocompasión.

Se creía que el ciclo del año comenzaba al final del verano. La fiesta se conoce como Samhain, que se cree que significa «fin del verano». Con el paso de la estación estival, en la que el sol brillaba durante la mayor parte del día, la gente pasaba a una estación más oscura. Se creía que para que los humanos se renovaran cada año, necesitaban conectar con la oscuridad.

En Samhain, el espacio o línea entre este mundo y el Otro Mundo se volvía transparente. Los espíritus regresaban para orientar a los líderes sobre el futuro. Los antepasados difuntos podían viajar desde el Otro Mundo para visitarlos. A menudo, los vivos preparaban la comida favorita de los difuntos y la dejaban para darles la bienvenida. Pero, aunque los familiares queridos podían visitarlos durante este día, los espíritus rencorosos también podían regresar. Los vivos llevaban máscaras para que los espíritus difuntos no los reconocieran.

Parte de la celebración de Samhain consistía en encender hogueras. Estas hogueras sagradas se llamaban inicialmente «hogueras de hueso». Parte de las festividades consistía en compartir los animales sacrificados y la comida de la cosecha de otoño. Se prendía fuego a los huesos y órganos internos de los animales. Las hogueras y los fuegos del hogar pretendían mostrar que la luz triunfaría sobre los días más oscuros que se avecinaban.

El ciclo estacional siguiente era el solsticio de invierno o Yule. Como parte de las festividades de Yule, se decoraba un árbol de hoja perenne. Los paganos creían que los árboles eran sagrados, y el árbol de hoja perenne representaba la capacidad de sobrevivir a lo largo de todas las estaciones. El árbol de Yule celebraba el nacimiento del dios del sol, al que se hacían regalos. Se creía que el sol era una tremenda rueda de fuego, y la palabra «Yule» tiene su origen en la palabra nórdica para «rueda».

Además del árbol de Yule, había una hoguera. Parte de la ceremonia de la hoguera era el tronco de Yule. Para deshacerse de las dificultades del año anterior, los participantes en la celebración arrojaban acebo a las llamas para quemar el pasado y alumbrar nuevos comienzos. Cada año se guardaba una parte del tronco. Este trozo se utilizaba para encender el fuego del siguiente solsticio de invierno, representando el ciclo del año.

Para marcar el comienzo de la primavera, los celtas celebraban Imbolc. El Imbolc, cuyo origen se atribuye a «en el vientre», se refería a las ovejas preñadas y a la próxima temporada de partos. Brigid, la diosa celta de la fertilidad, el fuego y la curación, reinaba en este día sagrado. La gente hacía devociones a Brigid para asegurar la fertilidad de los animales de granja y una productiva temporada de partos primaverales.

Una de las preocupaciones del invierno era tener comida suficiente para todo el año. La gente recurría a rituales para invocar a dioses y conseguir comida suficiente desde principios de febrero hasta la cosecha de otoño. También se pedía el apoyo divino para una buena temporada de siembra. Las celebraciones se centraban en encender hogueras para apoyar el aumento de las horas de luz solar.

Ostara se celebraba (y se sigue celebrando) el día del equinoccio de primavera, que tiene las mismas horas de luz que de oscuridad. Como madre del amanecer, se creía que Ostara surgía de la tierra donde había permanecido dormida durante los meses de invierno. El renacimiento y la renovación eran el centro de las celebraciones de Ostara, y se utilizaban huevos para representar la nueva vida. También se creaban laberintos. El laberinto separa la luz de la oscuridad del invierno, representando una nueva etapa de la vida.

Para conmemorar el comienzo del verano, los celtas celebraban Beltane, o fuegos de Bel, que marcaban el inicio de la estación de crecimiento. Las viviendas se decoraban con flores de principios de primavera y se celebraban rituales en busca de un año productivo para las cosechas, los animales y las familias. Se encendían hogueras como parte de los festivales. Las hogueras representaban la purificación y la fertilidad. El ganado era conducido en manada a través de dos hogueras para ahuyentar el mal y asegurar la fertilidad del rebaño. Otras hogueras se encendían para avivar la pasión y formaban parte de los rituales estivales de cortejo de las jóvenes y los jóvenes de la tribu.

Hoguera de Beltane

También se encendían hogueras para celebrar Litha (o solsticio de verano). Cuando el sol estaba en su cenit, se encendían hogueras para reconocer el poder del sol. Los paganos celebraban la victoria de la luz sobre la oscuridad. Aunque eran conscientes de que la luz acabaría desapareciendo, reconocían el estado transitorio de las crecientes horas de oscuridad.

El solsticio de verano indicaba la unión de dioses y diosas. Estas alianzas creaban las próximas cosechas en otoño. Las uniones terrenales entre hombres y mujeres jóvenes también eran abundantes durante el solsticio de verano, ya que se creía que los lazos que se iniciaban durante las festividades de Beltane darían lugar a uniones fértiles.

Lugnasad, llamada así por el dios Lugh, se celebraba en agosto. La fiesta marcaba el primer día de la temporada de cosecha y la transición del verano al otoño. Se ofrecían a dioses los primeros alimentos de la cosecha en acción de gracias y por las abundantes cosechas. Se creía que Lugh se sacrificó utilizando la hoz de una diosa. La sangre del dios fluyó sobre los campos, lo que hizo que las tierras fueran productivas.

Durante Mabon o el equinoccio de otoño se reconocía un tiempo para la acción de gracias. Los rituales se centraban en el dios que entraba en el Otro Mundo durante ese tiempo. Se creía que regresaba en primavera, trayendo consigo nueva vida. Se hacían devociones a las deidades por una cosecha abundante, y se preparaban y almacenaban alimentos para mantener a las tribus durante los largos meses de invierno.

Los druidas ejercían el liderazgo en algunas tribus celtas. Los druidas eran sacerdotes y enlaces entre este mundo y el de los dioses. Los druidas realizaban los rituales religiosos en los que creían los antiguos celtas. Además, los druidas eran llamados para explicar los fenómenos naturales. Debido a su sabiduría, los druidas eran considerados videntes. Muchas otras sociedades antiguas tenían a alguien que podía ofrecer curas medicinales, y para los antiguos celtas, los druidas cumplían esta función.

Aunque no existe un acuerdo académico sobre la etimología de la palabra «druida», muchos siguen la opinión tradicional de que la palabra es una combinación de las palabras «roble» y «conocimiento». Esta explicación del origen de la palabra está relacionada con el papel de los druidas como poseedores de la información histórica de la tribu.

Debido a la cantidad de conocimiento que un druida necesitaba retener, el camino para convertirse en un maestro druida tomaba años. Pasar de novato a maestro llevaba veinte años. Y todo el conocimiento amasado que fue compartido en el entrenamiento fue hecho oralmente, lo cual significa que no había ningún libro de referencia para consultar cuando uno se perdía. Gracias a su experiencia y conocimiento de la comunidad y su historia, los druidas gozaban de un estatus elevado en las sociedades celtas. Aconsejaban a los gobernantes tribales, oficiaban en asuntos relacionados con la ley y administraban los juramentos de lealtad de los guerreros.

Los druidas realizaban todas las ceremonias religiosas de las antiguas comunidades celtas. Actuaban como emisarios ante los dioses, por lo que las ofrendas a las divinidades eran gestionadas por ellos. Los sacrificios se realizaban con frecuencia en lugares especiales de la naturaleza. Los ríos, lagos y otros cursos de agua junto a arboledas veneradas eran lugares sagrados porque en ellos se conectaban los mundos físico y espiritual.

Los druidas explicaban a los celtas los fenómenos naturales. También debían utilizar sus conocimientos para controlar los elementos místicos de la naturaleza. Los druidas aclaraban los presagios y utilizaban esa información para prever acontecimientos futuros. Esta información se compartía con los gobernantes, quienes la utilizaban para tomar decisiones.

Imagen de un templo druida

Los druidas celebraban servicios después de las batallas, para celebrar el ciclo de la naturaleza y prepararse para la muerte. Cualquiera que no siguiera sus normas podía ser excluido de las ceremonias, lo que convertía a esa persona en un marginado. Se imponían restricciones a las personas que desobedecían los dictámenes de los druidas.

A veces se realizaban sacrificios a los dioses después de una batalla o de un acontecimiento natural importante. Se realizaban sacrificios humanos y animales. Los sacrificios eran un regalo, una forma de aplacar a los dioses o de predecir el futuro. Los combatientes capturados de otras tribus eran a veces el origen de los sacrificios humanos, aunque los criminales eran los más frecuentes. Sin embargo, los animales eran, con diferencia, los más sacrificados. Los druidas escudriñaban el proceso de muerte de las víctimas, ya fueran humanas o animales. A partir de sus observaciones de las etapas finales de la vida, podían hacer predicciones sobre el futuro.

Como la conexión con la naturaleza era tan importante para los druidas y los antiguos celtas, muchas de sus prácticas seguían el ciclo de las estaciones y la luna. En estas ceremonias se hacían ofrendas rituales a los dioses. Las ofrendas iban desde armas arrebatadas a los enemigos hasta joyas y alimentos. Se creía que estas ofrendas atraerían a los dioses para que protegieran a la tribu de futuros acontecimientos no deseados, como la peste y la guerra. La gente se reunía en los lugares sagrados para participar en los servicios dirigidos por los druidas, y entonaba cánticos y plegarias en agradecimiento a los dioses.

Los paganos modernos buscan una fuerte conexión con la naturaleza. Muchos de los días sagrados y las conmemoraciones estacionales de los antiguos celtas siguen siendo elementos importantes de las creencias paganas.

Capítulo 3: Mito, leyenda y folclore: Las diferencias

Antes de la palabra impresa o escrita, todas las culturas recitaban y compartían historias. Cada generación contaba y volvía a contar las mismas historias, transmitiéndolas a la siguiente generación. Los cuentos se contaban para compartir los valores y tradiciones de un grupo de personas. La universalidad y el carácter intemporal de estas historias hacen que se sigan compartiendo hoy en día.

A menudo, no hay un único autor. En su lugar, la historia se fue formando con el tiempo, con muchas voces que se sumaban a ella para dar forma completa a la narración. Una vez modificada para cumplir su propósito, se introducían cambios sutiles para adaptarla al público. Los narradores y su público interactuaban, lo que añadía más profundidad y significado a las historias.

Algunos de los personajes más importantes del mundo de los antiguos celtas eran los bardos. Memorizando muchas baladas, poemas y otras historias, los bardos viajaban de un lugar a otro. En cada pueblo en el que se detenían, compartían y representaban las historias que habían memorizado. Como algunos de los relatos incluían fragmentos de historia, los bardos eran valorados por sus conocimientos.

Con el tiempo, los bardos se convirtieron en *seanchaithe* (singular *seanchaí*). Vagando de pueblo en pueblo, los *seanchaithe* contaban mitos, leyendas y folclore a su público. Como no existía una lengua celta escrita, los *seanchaithe* también compartían noticias de tribu a tribu. También memorizaban la historia y los linajes familiares.

Durante cientos de años, no se escribió nada de la historia, la sabiduría o los cuentos celtas. Los *seanchaithe* rastreaban la información tribal para su clan, lo que los convertía en personas clave de la comunidad. Al fin y al cabo, eran los depositarios de los recuerdos y las tradiciones de la tribu.

La narración oral creó un género que hoy se conoce como literatura tradicional. En los textos publicados en la actualidad, el autor puede hacer notar que está presentando una adaptación de una historia contada hace mucho tiempo. Las tramas de estos cuentos suelen ser sencillas, ya que originalmente se contaban de boca en boca. Además, los cuentos pretendían instruir, por lo que los oyentes (y ahora lectores) podían entender claramente el mensaje.

Los personajes de la literatura tradicional servían de modelo a los antiguos oyentes. Las criaturas y los personajes de los cuentos representaban elementos buenos y malos del mundo. Los escenarios eran a menudo nebulosos, lo que aumentaba el atractivo colectivo del relato.

La literatura tradicional tiene algunos subgéneros, aunque muchos de los términos se utilizan como sinónimos. Sin embargo, existen diferencias entre cada una de las categorías. Pero lo más importante es que comparten una historia común a través de la narración oral. Todas son intemporales y nos siguen hablando hoy en día. Las clasificaciones más comunes son los mitos, las leyendas, los cuentos y el folclore, que engloba los cuentos de hadas, los cuentos populares y las fábulas. En estas obras, los lectores y oyentes aprenden sobre el sol y la luna, Robin Hood, y la tortuga y la liebre.

Los mitos cuentan los orígenes de las personas, el mundo y la naturaleza. A menudo, en los mitos aparecen dioses, diosas y otros seres sobrenaturales. Los pueblos antiguos veneraban los mitos, ya que formaban parte de su sistema de creencias. Las características de la divinidad y la humanidad y las similitudes de ambas se explicaban a través de los mitos. Estas historias eran y son verdades sobre nosotros, nuestros antepasados y nuestro futuro.

A lo largo de los mitos se entretejen capas de significados, como la complejidad de las personas, sus relaciones mutuas y la búsqueda de sentido de la vida. Aunque las historias de los mitos eran (y siguen siendo) entretenidas, su propósito era mayor que el de ofrecer un relato interesante. El propósito superior de un mito lo eleva a un nivel más sagrado. Los mitos se contaban como si la historia hubiera ocurrido realmente, lo que añadía credibilidad a las actividades de los dioses, diosas y otros poderes sobrenaturales.

Los mitos suelen agruparse cuando se estudian para comprender mejor las conexiones entre ellos. Existen varias agrupaciones diferentes, pero las cuatro categorías que recogen los motivos más significativos de los mitos son los mitos etiológicos, ctónicos, históricos y psicológicos.

También clasificados como mitos del origen o de la creación, los mitos etiológicos aclaraban a los antiguos la causa de la vida y los porqués del mundo. En los mitos etiológicos se explican los primeros seres, así como el sol, la luna, las estrellas y cómo surgió la naturaleza.

Por ejemplo, la mitología nórdica explicaba a la gente por qué había truenos. El carro de Thor surcando los cielos provocaba el estruendo. La tribu Oneida de Norteamérica aprendió por qué y cómo las ardillas listadas tenían rayas en la espalda. Una vez, un oso se jactó de que podía hacer cualquier cosa. Cuando la ardilla listada oyó la historia, le pidió al oso que impidiera que saliera el sol. Todos los días, el oso intentaba e intentaba impedir que saliera el sol. La ardilla se burlaba del oso y este se enfadaba. Entonces, el oso sujetó a la ardilla con una de sus enormes patas. La ardilla se retorció y finalmente se liberó. Pero la zarpa del oso le dejó unas rayas en la espalda.

Los antiguos también necesitaban ayuda para comprender la devastación, la muerte y las enfermedades. Los mitos ctónicos exploran la muerte y el más allá. Responden a las preguntas de por qué muere la gente, qué ocurre después, si se acabará el mundo, qué causa las enfermedades y qué provoca los desastres naturales. En muchas culturas existen historias de vida después de la muerte, que alivian los temores ante las incógnitas asociadas a la muerte.

Muchas culturas tienen mitos relacionados con el ave fénix. Muchos relatos sobre esta ave legendaria la describen como multicolor, con plumas rojas, naranjas y amarillas. Una vez que el fénix ha vivido su vida, que a menudo dura cientos de años, se prepara para la muerte, haciendo su propia pira funeraria. Cuando el fénix sabe que su tiempo en la Tierra ha terminado, el fuego consume al ave y una nueva surge de sus cenizas. En otras versiones, el hermoso plumaje del fénix se enciende cuando su tiempo en la Tierra ha terminado. Ese fuego devora al viejo fénix, dando origen a uno nuevo.

En los mitos históricos se repiten acontecimientos pasados. Los elementos hiperbólicos están impregnados de detalles del acontecimiento, que puede o no haber sucedido. Al infundir y elevar los detalles de la historia, el mito y el acontecimiento aumentaban su importancia para los pueblos antiguos, y de la narración de la historia surgían héroes más grandes que la vida.

Los mitos en torno a la guerra de Troya, relatados en la *Ilíada* y la *Odisea*, pertenecen a la categoría de mitos históricos. También podemos encontrar mitos históricos en la antigua India. La batalla de Kurukshetra se narra en el *Mahabharata*. El *Mahabharata* es siete veces más largo que la *Ilíada* y la *Odisea* juntas, y narra la batalla entre dos familias gobernantes. Tras la muerte del rey Pandú de Bharata, sus hijos, los Pándavas, a quienes dejó el reino, fueron desafiados por cien de sus primos, los Kauravas. Los dioses indios intervienen en el relato épico, cuyo poderoso mensaje trasciende la narración de la batalla.

La última categoría de mitos es la psicológica. Estos mitos proporcionaban a los antiguos oyentes formas de comprender sus emociones y sentimientos. A través de las reacciones y decisiones de los personajes de estos relatos, el público aprendía rasgos que admirar y atributos de los que desconfiar. A menudo, en los mitos psicológicos, el héroe emprende un viaje o una misión. Durante esta aventura, se enfrenta a múltiples desafíos. Su forma de afrontarlos sirve de guía a los oyentes.

Un ejemplo de mito psicológico es la historia de Aquiles, que compartían los antiguos griegos. La madre de Aquiles, Nereida, quería que viviera para siempre. En su afán por dotar a su hijo de inmortalidad, lo sumergió en el río Estigia. Nereida sujetaba a Aquiles por el talón para que no cayera al río y se ahogara. Sin embargo, como esta parte de su cuerpo no estaba sumergida, era su punto vulnerable. Aquiles creció y se convirtió en un gran héroe y líder. En la guerra de Troya, Paris mató a Aquiles de un flechazo en su único punto débil.

Los mitos no son el único tipo de literatura tradicional. Las leyendas también se ambientan en el pasado, tienen personajes más grandes que la vida real y originalmente se representaban en persona. A diferencia de los mitos, las leyendas se basan en hechos reales o en personas de la vida real. Aunque a menudo se exageraban los detalles para crear la leyenda, había una base de verdad histórica que impulsaba la historia.

Las leyendas vinculan los mitos, que eran creencias sagradas, con acontecimientos seculares o históricos. La palabra «leyenda» procede del latín *legere*, que significa «leer». Las leyendas se difundían originalmente de forma oral. Cuando se clasificaron por primera vez, muchas tenían un fundamento religioso, ya que las historias de santos y milagros se compartían en ceremonias religiosas. Aunque la mayoría de las leyendas no tienen un significado religioso, sí tienen una importancia regional, nacional o cultural.

Aunque algunos mitos pueden haber sucedido o no, como los que se cuentan en el *Mahabharata,* las leyendas tienen elementos de exactitud histórica. Cuando se habla de piratas, muchos recuerdan el nombre de Barbanegra. Las hazañas de Barbanegra se convirtieron en leyenda, y las historias en las que prendía fuego a su barba eran muy populares.

Los dioses no intervienen en las leyendas como lo hicieron en muchos mitos, como en la guerra de Troya. Figuras legendarias como el rey Arturo se basaban en su valor, su astucia y su sentido del bien y del mal para establecer normas de comportamiento. Si el rey Arturo fue una persona real, se cree que vivió alrededor del año 500 de nuestra era. Debido al paso del tiempo y a las numerosas versiones de su historia, sus hazañas suelen situarse después del año 1400 de nuestra era. Sin embargo, su caballerosidad se sigue imitando hoy en día. Al igual que ocurre con los mitos, las leyendas nos han enseñado los rasgos humanos que debemos imitar y los que debemos rechazar.

Otro héroe legendario popular fue Robin Hero. La gente corriente lo consideraba un héroe por su mantra de robar a los ricos para dárselo a los pobres. Su legado ha perdurado durante cientos de años. Se cree que la fuente del legendario Robin Hood fue un hombre que nació en Loxley o Wakefield. La mayoría coincide en que la persona o compilación de personas que dio origen a Robin Hood procedía del condado del Norte. Otro detalle en el que muchos coinciden es el popular refugio de Robin Hood, el bosque de Sherwood.

El desdén y la desconfianza de Robin Hood hacia el sheriff de Nottingham lo convirtieron en un héroe local y legendario. Junto con otros forajidos, Robin Hood y su banda vagaban por el bosque de Sherwood probablemente entre finales del siglo XIV y principios del XV. Hábil arquero, Robin Hood era conocido por su mal genio. Sus creencias contrarias al sistema y sus acciones contra los gobernantes locales siguen cautivando a los oyentes hoy en día. La historia de Robin Hood es una leyenda porque pudo haber existido y, sin embargo, luchó con poderes inusuales contra su supuesto enemigo, el sheriff.

Una subcategoría de las leyendas son los relatos fantásticos. Se trata, en términos relativos, de una categoría de cuentos más reciente. La mayoría de los cuentos de este subgénero proceden de la exploración de la frontera estadounidense. Al principio, los cuentos se contaban en voz alta, a menudo alrededor de hogueras. Los hombres que exploraban el oeste estadounidense contaban cuentos al final de la larga jornada de trabajo, reunidos alrededor del fuego. Al igual que las leyendas, los relatos fantásticos se basan en historias reales o verdaderas e incluyen una gran cantidad de exageraciones. Algunos relatos fantásticos se consideraban tan extensos como la frontera estadounidense.

Entre las historias intemporales de personajes y creencias de la Norteamérica del siglo XIX figuran las aventuras de Pecos Bill, un legendario vaquero; Davy Crockett, que afirmó haber matado un oso a la tierna edad de tres años; y John Henry, cuya fuerza impulsó la construcción de los ferrocarriles.

Paul Bunyan es otro cuento famoso. Era un leñador de fuerza increíble, probablemente basado en el leñador canadiense Fabian Fournier. Paul Bunyan casi siempre iba acompañado de Babe, el buey azul, su fiel compañero. A Bunyan se le atribuye la formación del Gran Cañón con un solo golpe de su poderosa hacha. Babe era tan grande que sus huellas crearon los diez mil lagos de Minnesota. La energía y el poderoso físico de Bunyan fueron atributos que impulsaron a los Estados Unidos hacia el oeste.

Los mitos proporcionaron a los pueblos antiguos una explicación de sus orígenes. Muchos mitos se consideraban sagrados porque formaban un sistema de creencias. Las leyendas pasaron de un elemento divino a otro secular. Los dioses no eran necesarios para establecer el tono moral de la sociedad; en su lugar, los seres humanos legendarios podían establecer un sistema de lo correcto y lo incorrecto. Esto nos lleva a la tercera categoría de literatura tradicional derivada de la narración oral: el folclore.

El folclore contiene recopilaciones de narraciones ficticias. A través de estas historias se compartían creencias y tradiciones, así como supersticiones y fantasías. El folclore podía referirse a un único episodio o incidente. A medida que se compartía la historia, esa única escena podía evolucionar hasta convertirse en una historia más larga y compleja. Bajo el paraguas del folclore se encuentran los cuentos de hadas, los cuentos populares y las fábulas.

Los formatos típicos de los cuentos de hadas incluyen escenarios de un pasado lejano con una frase inicial de «érase una vez». Estos cuentos están salpicados de seres como hadas, dragones, elfos, enanos y gigantes. Hay villanos claramente delineados que actúan contra protagonistas simpáticos. A menudo se entreteje algún aspecto de la realeza en el relato, ya sea a través de los personajes o de los escenarios. También hay elementos sobrenaturales, como animales parlantes que se hacen amigos del héroe y lo ayudan en su conflicto.

El conflicto debe resolverse antes del final de la historia. Esto a menudo lleva a la gente a vivir «felices para siempre». Cuando los personajes buenos resuelven su problema, se demuestra una lección clara. El triunfo del bien sobre el mal confiere a los cuentos de hadas su atractivo universal.

Hay cientos de versiones de Cenicienta en todas las culturas y a lo largo de los años. Cenicienta es un excelente ejemplo de cuento de hadas, ya que cuenta con los elementos clásicos del género. Ella es la simpática protagonista que se encuentra en una situación horrible, ya que tiene una lista interminable de tareas. Su malvada madrastra y sus hermanastras le hacen la vida imposible. Así que se hace amiga de los animales que comparten el castillo con ella.

La esperanza aparece cuando Cenicienta recibe una invitación para el baile del príncipe. Sin embargo, su madrastra frustra sus planes de asistir. Mágicamente, aparece un hada madrina. Con un movimiento de su varita, ratones y calabazas se transforman para transportar a Cenicienta al palacio.

Sin embargo, no puede quedarse toda la noche, ya que la magia se desvanece a medianoche. Tras conocer al príncipe y pasar un rato agradable, Cenicienta huye del baile al filo de la medianoche y pierde su zapatilla de cristal. El príncipe busca a su amada por todo el reino. Tras probarse el zapato, Cenicienta y el príncipe viven felices para siempre. El bien triunfa sobre el mal. Las versiones y adaptaciones de los cuentos de hadas continúan hoy en día. Las películas y los libros nos encantan y nos transportan a mundos donde sí hay finales felices.

También dentro de la categoría de folclore están los cuentos populares, que originalmente se compartían oralmente. Los cuentos populares son similares a los cuentos de hadas, ya que ambos comparten claramente a los buenos y a los malos, y ven recompensadas las acciones de los protagonistas. Sin embargo, la magia y la realeza no suelen estar presentes. Los cuentos populares se adaptan a la época y el lugar, lo que los diferencia de los mitos y las leyendas. Sus historias son fluidas, pero sus mensajes son intemporales.

Los cuentos populares existen en todas las culturas. Muchas historias contienen significados comparables entre sí. Los personajes de los cuentos populares no suelen estar muy desarrollados. Su naturaleza unidimensional los diferencia de los mitos, leyendas y cuentos de hadas. En otra literatura tradicional, los personajes se muestran con más rasgos de personalidad, lo que permite que la gente se identifique fácilmente con ellos.

Sin embargo, los cuentos populares entretenían y transmitían un mensaje a los oyentes. En los cuentos populares se compartían sucesos cotidianos, por lo que los relatos mostraban cómo los personajes se enfrentaban a un problema. Por ejemplo, en «Los tres cabritillos», los cabritillos tienen que ser creativos para burlar al malvado trol que bloquea el puente.

«Los tres cerditos» se ha contado y recontado durante mucho tiempo. La madre de los cerditos dice a sus tres hijos que ha llegado el momento de que emprendan su propio camino. Cada uno de los cerditos representa un rasgo de carácter diferente, mientras que el lobo encarna los peligros que uno puede encontrar cuando abandona la protección del hogar. Solo el tercer cerdito, que demuestra que el trabajo duro y la planificación son las claves del éxito, pudo sobrevivir en el mundo.

Las fábulas pretendían instruir y proporcionar una lección. Las fábulas más conocidas se atribuyen a Esopo. En la antigua sociedad griega, estos cuentos cumplían varias funciones. Las fábulas solían escribirse en una época de gobernantes represivos, por lo que eran un vehículo para compartir comentarios despectivos sobre el gobierno. Ofrecían a los oprimidos la esperanza de que los desvalidos de la sociedad tuvieran voz frente a los poderosos.

Los animales y los insectos son los protagonistas de las fábulas. Representan diversos rasgos de la personalidad y situaciones a las que los humanos se enfrentan casi a diario. De forma entretenida, se compartían importantes lecciones de vida. Las fábulas se escribían para todas las edades y se utilizaban para entretener y educar.

En la fábula de «La tortuga y la liebre», que se cuenta a menudo, vemos rasgos humanos de exceso de confianza en la liebre, mientras que la tortuga se siente cómoda en su propia piel. La tortuga aprecia la vida y se toma su tiempo para sumergirse en ella. La liebre va deprisa por la vida y actúa caprichosamente. Al final, el mensaje es que el lento y constante gana la carrera.

Antes de Internet, las redes sociales, los libros y los periódicos, la gente tenía acceso a un número increíble de historias. Aunque muchos no sabían leer ni escribir, no eran incultos ni ignorantes. A través de la experiencia de las historias, se creaban y compartían creencias. Se establecieron y acordaron códigos morales. Los mitos ofrecían bellas explicaciones del mundo y sus orígenes. Las leyendas pasaron de contar la vida de los santos a hablar de los héroes cotidianos. El folclore proporcionaba entretenimiento y orientación.

Capítulo 4: El papel del mito en el mundo moderno

Los mitos se cuentan desde hace miles de años. Dioses, diosas y otras deidades han guiado a la gente desde que se contaron estas historias. Hoy en día, la gente lee los mitos para divertirse, pero estas historias eternas siguen aportando información. La lectura de los héroes, heroínas y embaucadores de hace miles de años nos sirve de espejo para comprender a las personas y los distintos sistemas de creencias.

Revestidos de significados sutiles, los mitos pueden leerse a través de varias lentes que ofrecen enigmáticas interpretaciones. Al fin y al cabo, los humanos somos seres complejos. Las complejidades de los mitos nos ayudan a comprender quiénes somos y quiénes podemos ser. Estas historias también aclaran los obstáculos que nos presenta la sociedad y lo que nos impide lograr grandes cosas.

Ya sea a propósito o no, los hilos míticos se han entretejido en las artes desde que se contaron los mitos por primera vez. Rasgos y acciones de los dioses de hace miles de años forman parte de la cultura pop actual. El cine, la televisión, las novelas gráficas, los videojuegos, etc. están influidos por historias contadas hace mucho tiempo.

A partir de los relatos celtas, los lectores y oyentes experimentaron el sufrimiento humano y la muerte. Mientras personajes mágicos y míticos luchan contra el mal, la bondad y el valor sirven de inspiración. Incluso en los cuentos celtas que acaban en muerte y destrucción, hay esperanza, pues la vida en el Otro Mundo proporciona una especie de renacimiento.

Algunas películas presentan una conexión superficial con los mitos celtas e irlandeses. Hay muchas películas que incluyen duendes mágicos, malvados o generosos. Las películas van del terror, como *Leprechaun* (*El duende maldito*), protagonizada por Jennifer Aniston en 1993, a los musicales románticos, como *Pot 'O Gold* (*Oro del cielo*), protagonizada por James Stewart en 1941.

Otras películas basadas en leyendas celtas e irlandesas son *The Luck of the Irish* (*La suerte del irlandés*). La película original es de 1948. Un reportero de Nueva York, interpretado por Tyrone Powers, viaja a Irlanda. Allí, Powers se encuentra con un duende que lo guía en sus decisiones. La película homónima de Disney Channel de 2001 está protagonizada por Ryan Merriman, que interpreta a un jugador de baloncesto de instituto que confía en una moneda de oro para tener suerte. Tras perder la moneda de la suerte, Merriman es retado por un duende malvado por el control de la misma.

Continuando con las experiencias de travesura y magia está *Finian's Rainbow* (*El camino del arcoirirs*), una delicia musical protagonizada por Fred Astaire. Como en muchas otras películas, en esta cinta aparecen un duende y una olla de oro. Otras películas que incluyen duendes y el misterio y la esperanza del arco iris son *Darby O'Gill and the Little* (*Darby O'Gill y el rey de los duendes*) y *The Magical Legend of the Leprechauns* (*La leyenda mágica de los duendes*).

Los duendes son conocidos por ser traviesos embaucadores. Cuenta la leyenda que si captura a un duende, le ofrecerá tres deseos para que lo libere. Sin embargo, no se puede confiar en estos embaucadores. Las películas que basan sus historias en duendes demuestran cómo la vida puede transformarse con la creencia y la esperanza en otro reino.

Otra figura mística de la mitología celta es las *selkies*. También conocidas como gente del mar o sirenas, las *selkies* son mitad pez y mitad humanas. Cuando están en el agua, son focas. Sin embargo, una vez en tierra, mudan la piel y se transforman en humanos. Cuando las *selkies* mudan la piel, los humanos pueden ocultársela. Si las *selkies* no encuentran su piel, no pueden volver al mar.

En la película *Ondine*, un pescador irlandés atrapa en sus redes a una intrigante mujer, que da nombre a la película. Una vez que Ondine, una *selkie*, está a bordo, las capturas del pescador mejoran drásticamente, lo que demuestra su poder. La mística Ondine se queda en tierra, ayudando al pescador y a su hija. El amor triunfa, y la película termina con los tres personajes ante un nuevo y brillante comienzo.

The Secret of Roan Inish (*El secreto de la isla de las focas*) habla de las *selkies* y de su capacidad para cuidar de los humanos. Una joven irlandesa llamada Fiona visita a sus abuelos, que viven en la costa. Fiona empieza a descubrir la historia de su familia y la de su hermano, Jamie. La tradición familiar cuenta que Jaime fue arrastrado al mar cuando era un bebé. Mientras Fiona está en Roan Inish, cree ver a Jaime viviendo con las *selkies*. Efectivamente, es su hermano, que ha prosperado gracias a la convivencia con las *selkies*. Al final, Fiona consigue reunir a su familia.

Tres películas relacionadas, *The Secret of Kells* (*El secreto del libro de Kells*), *Song of the Sea* (*La canción del mar*) y *Wolfwalkers* (*Wolfwalkers: Espíritu de lobo*), fueron dirigidas por Tomm Moore. Las tres están inspiradas en mitos y folclore celtas e irlandeses. La primera en producirse fue *El secreto del libro de Kells*, protagonizada por hadas, una deidad celta y un libro mágico. En la película, el protagonista, Brendan, emprende un viaje para completar un antiguo manuscrito. El antagonista, Crom Cruach, una deidad celta, posee un ojo especial que Brendan necesita para completar su misión. Necesitado de tinta para sus ilustraciones, Brendan se adentra en el bosque. Allí se encuentra con Aisling, un hada del bosque. Aisling puede cambiar de forma entre una niña y un lobo, y ayuda a Brendan en su viaje para obtener los materiales necesarios para completar el secreto libro de Kells.

Inspirada en la mitología celta e irlandesa, *La canción del mar* incluye *selkies* cambiaformas. El protagonista, Ben, se entera de que su hermana, que no puede hablar, es en realidad una *selkie*. Durante mucho tiempo ha culpado a su hermana Saoirse de la muerte de su madre. Para burlarse de su hermana, Ben le cuenta la historia de Mac Lir y Macha, la bruja búho, para asustarla.

Cuando Saoirse se da cuenta de que es una *selkie*, ella y Ben cambian entre el mundo de la tierra y el del mar. Las hadas se encuentran con Saoirse y Ben mientras están en el mar. Necesitan la ayuda de Saoirse para volver a Tír na nÓg y escapar de la diosa Macha. Mientras el dúo sigue buscando el camino de vuelta a casa, Saoirse encuentra su voz para liberar a las criaturas que encuentran. Hacia el final de su viaje, se reúnen con su madre, que también es una *selkie*. Su madre debe permanecer con las criaturas marinas, pero Saoirse elige vivir en el mundo humano con su hermano.

Wolfwalkers es la última película de Moore y la última de la llamada «trilogía irlandesa». La protagonista, Robyn, aprendiz de cazadora de lobos, se encuentra en Irlanda trabajando para eliminar a los lobos. Mientras completa su misión, entabla amistad con Mebh, cuyo espíritu se transforma en lobo mientras duerme. Robyn se une a Mebh en la búsqueda de su madre. Pero Robyn se ve dividida entre dos mundos: uno con su padre como cazador de lobos, y el otro en el misterioso reino de Mebh.

Basándose en historias de mitos antiguos, los *Wolfwalkers* pueden relacionarse con las hijas de Airitech. Estas hermanas se transformaban en lobos cada vez que Samhain buscaba comida. Su debilidad era la música, que otros utilizaban para engañarlas y volver a transformarlas en humanas. Los metamorfos desempeñan un papel importante en la mitología celta. Transferirse entre múltiples dominios permitía a las deidades y otras criaturas controlar a los humanos con sus artimañas y engaños.

También podemos ver la influencia de la mitología celta fuera del cine. Muchas novelas se han inspirado en personajes y creencias de los antiguos celtas. Las investigaciones sugieren que la legendaria novela *Drácula* se inspiró en el vampiro irlandés Abhartach. En esta historia, después de que Abhartach sea asesinado por el cacique local, regresa para acechar a los vivos. Su magia oscura le permite regresar continuamente de la muerte como muerto viviente o *neamh-mairbh*. Abhartach exige sangre a sus súbditos, como Drácula.

La novela clásica de C. S. Lewis, *El león, la bruja y el armario*, también incluye criaturas de la mitología celta. El portal que atraviesan los niños para entrar en Narnia recuerda a los cambiaformas, que pueden trascender fácilmente del mundo físico a otra dimensión. Además, la historia y otras de la serie contienen brujas, *boggles* (criaturas parecidas a duendes) y hombres lobo. Los tres eran seres malignos que se encontraban en la tierra de Narnia.

Otra novela clásica es *El libro de los tres*, de Lloyd Alexander, la primera de las *Crónicas de Prydain*. Durante la Segunda Guerra Mundial, Alexander fue destinado a Gales para recibir instrucción. Allí se sumergió en Gales junto con sus mitos y leyendas. *El libro de los tres* de Alexander y sus series posteriores contienen escenas de Gales y una infusión de las historias galesas del *Mabinogion*.

Mabinogi, que proviene de la palabra *mab*, sugería inicialmente juventud. Con el tiempo, el término se convirtió en sinónimo de cuentos infantiles. Las historias que formaban parte de los *mabinogi* eran relatos míticos sobre la formación temprana de los héroes. En el *Mabinogion*, la historia de Pryderi tiene paralelismos con la de Taran en *El libro de los tres*. La historia de Pryderi conecta las cuatro ramas del *Mabinogion* del mismo modo que la de Taran conecta las *Crónicas de Prydain*.

La juventud de Taran le proporciona la formación que necesitará para sus aventuras fuera de la granja. Una vez que Taran sigue a Hen Wen, el cerdo oracular, Taran se ve arrastrado a una batalla por Prydain. Espadas mágicas y encantadores ayudan a Taran en su búsqueda. Tras derrotar a Arawn, el señor de la muerte, Taran es coronado rey supremo, un honor que se gana gracias a sus numerosas hazañas.

Evangeline Walton cuenta una historia similar a la de Lloyd Alexander en otra adaptación del *Mabinogion*. Las novelas de Walton —La isla de los poderosos, Los hijos de Llyr, La canción de Rhiannon y El príncipe de Annwn— reciben el nombre de *Tetralogía del Mabinogion*. En estas cuatro novelas entreteje las doce ramas del *Mabinogion*. Príncipes, señores, dioses, diosas e intercepciones mágicas dan vida a la historia del príncipe Pwyll.

Viajando a través del Atlántico, hasta el estado norteamericano de Arizona, podemos encontrar otra serie de novelas, *Las Crónicas del druida de hierro*, que tienen su base en la mitología celta. El primer libro de la serie, *Hounded*, de Kevin Hearne, presenta a los lectores a Atticus O'Sullivan. El modesto O'Sullivan es dueño de una librería y aparenta ser un irlandés veinteañero. Sin embargo, Atticus es en realidad el último de los druidas y tiene veintitantos siglos de antigüedad.

Como es druida, tiene poderes de la tierra. Junto con esas habilidades, O'Sullivan tiene Fragarach, una espada mágica. Sin embargo, algunos dioses irlandeses no creen que Atticus deba tener la espada, ya que consideran que se la robó en una batalla del siglo I. Aenghus Óg, la deidad enfurecida, lidera la batalla contra O'Sullivan por Fragarach.

Junto a Atticus trabajan Oberon, su perro lobo irlandés; Morrígan, diosa de la guerra y la venganza; y Brigid, diosa del fuego y la forja. Vampiros, brujas y hombres lobo completan el reparto, aunque a lo largo de la serie se incluyen otras figuras de la mitología celta.

Las novelas gráficas y los cómics también contienen personajes con similitudes a dioses y diosas del pasado. El icónico Conan el Bárbaro apareció por primera vez en la publicación de *Weird Tales* narrada por Robert Howard. Con el tiempo, dieciocho historias dieron vida a las aventuras de Conan. Marvel Comics retomó entonces el personaje de Conan, continuando su historia. En la década de 1980, muchos pudieron visualizar la representación de Conan en dos películas protagonizadas por Arnold Schwarzenegger.

Conan se basa en la mitología irlandesa. Los *fianna* era un grupo de guerreros. Conán mac Morna, también conocido como Conán Maol («calvo»), formaba parte de los *fianna*, liderada por Fionn mac Cumhaill. Los *fianna* y sus aventuras están documentadas en el *Ciclo feniano* de la mitología irlandesa. La creación de la Calzada del Gigante en Irlanda se atribuye a este feroz clan de guerreros. Conan el Bárbaro se basa en Conán mac Morna. Convertido en guerrero a los quince años, Conán lucha heroica y exitosamente contra el mal.

Sigamos con Marvel Comics y fijémonos en su serie de Thor. Allí podemos encontrar otros dioses celtas. Los Tuatha Dé Danann luchan contra Thor en el número 386. Estos dioses proceden de la mitología celta y utilizan la magia y el ocultismo. Su líder, Dagda, era un dios sabio conocido por sus dos preciadas posesiones: un vasto caldero y un enorme garrote. Con el tiempo y tras una serie de batallas, Thor une sus fuerzas a los Tuatha Dé Danann.

El impacto de la mitología celta influye también en muchas novelas gráficas. *Guerrero celta: La leyenda de Cú Chulainn*, escrita por Will Sliney, vuelve a contar la historia de Cú Chulainn. En el mito «El sabueso del Ulster», Cú Chulainn (también deletreado como Cuhullin) tiene poderes mágicos. Su cabeza irradiaba luz y su legendaria fuerza le hacía perder el control cuando luchaba. Los aullidos de Cú Chulainn asustaban mucho a sus enemigos.

En la adaptación de Sliney, la reina Maeve envía un ejército de diez mil hombres para capturar Emain Macha, una tierra en la región septentrional de Irlanda. Cú Chulainn es el único protector de la tierra, ya que todos los demás guerreros están dormidos a causa de una maldición. El valor y las habilidades míticas de Cú Chulainn le permiten desafiar al ejército que se aproxima.

También basado libremente en Cú Chulainn está *Slaine: The Horned God*, de Pat Mills. Slaine es un guerrero celta que lidera la tribu Sessair, protectora del pueblo de Tír na nÓg. Durante años, los habitantes de la Tierra de los Jóvenes han estado controlados por druidas poco comunes. Con el apoyo de la diosa de la Tierra, Slaine conoce su destino. Su destino es unir a los cuatro reyes de Tír na nÓg. El futuro del mundo está en manos de Slaine en su lucha contra los Drune Lords, los druidas que han envenenado la tierra.

Otra vía para experimentar la mitología celta son los videojuegos. Muchos juegos tienen elementos de mitos de todo el mundo que se mezclan para crear algo único. Diferentes mundos y paisajes ven a personajes con poderes mágicos y sobrenaturales luchar por el bien.

También se pueden jugar juegos que transportan virtualmente a los jugadores a las tierras de los celtas. *Assassin's Creed* permite a los participantes sumergirse en los bosques y selvas encantadas de Irlanda. Dependiendo de cómo se juegue, se encuentran reyes celtas o líderes de clanes vikingos. La Calzada del Gigante es uno de los paisajes incluidos en el *Assassin's Creed Valhalla,* y se puede ver a los *fianna* liderados en batalla por Fionn mac Cumhaill (Finn McCool). Las criaturas mitológicas y los festivales antiguos también forman parte del juego.

La mitología guió y dio forma a los pensamientos y creencias de nuestros antepasados hace miles de años. Sin embargo, siguen influyendo en nuestra cultura actual. A través de los personajes que conocemos y experimentamos en nuestras lecturas y visionados, crecemos a medida que aprendemos más sobre la naturaleza humana y lo que motiva a las personas.

SEGUNDA PARTE:
Mitos irlandeses

Capítulo 5: Los hijos de Lir

No fue hasta el siglo VII de nuestra era cuando los irlandeses empezaron a escribir su historia y sus relatos. El ogham fue la primera lengua escrita en gaélico irlandés. La mayoría cree que ogham debe su nombre al guerrero irlandés Ogma. Este era el dios de la elocuencia, lo que resulta apropiado por el papel vital que desempeñó la tradición oral en las primeras sociedades irlandesas y celtas.

Numerosos mitos y leyendas que siguen influyendo en la cultura actual se contaron por primera vez hace años en Irlanda. Los irlandeses disfrutaban escuchando la palabra hablada. El *blarney* irlandés, o don de la palabra, es producto de la singular tradición poética oral del país.

Como las historias se compartían oralmente durante años, tenemos diferentes versiones del mismo cuento. Las distintas versiones contribuyen a su misterioso origen. *Los hijos de Lir* es una de esas historias que se compartían a menudo y que ilustra la vívida imaginación irlandesa.

La mitología irlandesa suele dividirse en cuatro ciclos principales. Cada uno de ellos tiene sus propias características, historias, personalidades y ámbitos de realidad. Dentro de los ciclos, las normas y valores sociales se exploran a través de las acciones de los personajes. Enumerando los ciclos del más antiguo al más reciente, tenemos el Ciclo mitológico, el Ciclo del Ulster, el Ciclo feniano y el Ciclo histórico o del rey.

El Ciclo mitológico, el más antiguo, narra la fundación de Irlanda. Las historias de dioses y otros sucesos sobrenaturales son el sello distintivo de estos relatos. Las historias del Cclo del Ulster se remontan al siglo I de nuestra era. Estos relatos combinan elementos místicos con el mundo de los guerreros. En el Ciclo feniano u osiánico se relataban las aventuras de valientes guerreros, como Oisín. Los superhéroes servían de modelo al público. Por último, el Ciclo histórico o del rey deleitaba a sus oyentes con narraciones que mezclaban algunos reyes de carne y hueso con elementos mitológicos. Las historias pretendían ilustrar cómo debían comportarse los reyes eficaces.

Hace miles de años, durante el Ciclo mitológico, los irlandeses adoraban a muchos dioses diferentes. Estas deidades descendían de varias razas. Un grupo de seres celestiales con poderes sobrenaturales eran los Tuatha Dé Danann. Se cree que eran descendientes de la diosa Danu, ya que las historias sobre los Tuatha Dé Danann se refieren a la diosa Danu como su madre.

No hay acuerdo sobre cómo llegaron los Tuatha Dé Danann a Irlanda. Algunas tradiciones cuentan que los Tuatha Dé Danann volaron por los aires en naves y aterrizaron en Irlanda. Otras afirman que viajaron en forma de niebla, mientras que otra variante es que llegaron en nubes oscuras. También se discute su procedencia, ya que la gente no se pone de acuerdo sobre si son del cielo, de la Tierra o de otro mundo.

Algunas fuentes creen que los Tuatha Dé Danann trajeron consigo a Irlanda cuatro ciudades insulares, que se originaron en las cuatro ciudades o que se ubicaron en ellas. Hay acuerdo en que las cuatro ciudades o zonas relacionadas con los Tuatha Dé Danann eran Falias, Gorias, Finias (Findias) y Murias.

Los sabios de cada una de estas ciudades enseñaron a los Tuatha Dé Danann habilidades mágicas. Murias era el sabio de Falias. En Gorias, Urias ayudó a los Tuatha Dé Danann. Arias enseñaba sabiduría en la ciudad de Finias. Por último, los Tuatha Dé Danann descubrieron su talento encantador con la ayuda de Senias en la ciudad de Murias.

Además, los Tuatha Dé Danann obtuvieron cuatro tesoros de cada ciudad que repercutirían en Irlanda y se convertirían en el componente de muchos mitos celtas. Cada valiosa posesión dotó a los Tuatha Dé Danann de enormes capacidades, que los convirtieron en una tribu formidable en la mitología celta.

De Falias obtuvieron la Piedra de Fal (Lia Fáil), que proclamaba al rey supremo de Irlanda. El tesoro de Gorias era la lanza de Lugh. Cuando se desenvainaba la lanza, nadie podía eludirla, y nadie que la poseyera podía ser derrotado. La espada de la Luz procedía de la ciudad de Finias. Una vez sacada de su vaina, nadie podía resistirse a su resplandor, y nadie podía derrotarla. El caldero de Dagda, que tenía la increíble capacidad de alimentar a todo un ejército, era el cuarto tesoro mágico.

Con sus fantásticos poderes, los Tuatha Dé Danann luchan contra otros que quieren asumir su poder e invadir sus tierras. Los detalles de estas batallas se encuentran en muchos mitos celtas. Sin embargo, otros mitos también emanan de sucesos que resultan de los conflictos. Uno de ellos es el de *Los hijos de Lir.*

La segunda batalla de Moytura fue un encarnizado conflicto entre los Tuatha Dé Danann y los fomoré. Durante la batalla, el Dagda Mór resulta herido; finalmente sucumbe a sus heridas. Ahora debe elegirse un nuevo líder para encabezar a los Tuatha Dé Danann: Bodb Dearg, el hijo mayor del Dagda. Dado que la principal razón por la que fue elegido fue su linaje, hubo muchos que no apoyaron al nuevo líder. Lir surgió como un fuerte opositor al nuevo papel de Bodb Dearg.

Lir pensaba que él debería haber sido seleccionado como el próximo rey de Tuatha Dé Danann. Tras el anuncio de Bodb Dearg como rey, Lir abandonó enfadado la reunión del consejo. Se negó a jurar lealtad. Los partidarios de Bodb Dearg querían que eliminara a Lir. Sin embargo, Bodb Dearg sabía que la esposa de Lir había muerto recientemente de forma inesperada. Para apaciguar a Lir y obtener su apoyo, Bodb Dearg concertó un matrimonio entre Lir y su hija mayor, Eva o Aoibh. Este matrimonio constituye la base de *Los hijos de Lir.*

El matrimonio de Lir y Aoibh estuvo lleno de amor e hijos. La pareja tuvo una hija, Fionnuala; un hijo, Aodh; y dos gemelos, Fiachra y Conn. Pero su amor no duró para siempre, al menos en el plano físico. Algunas versiones cuentan que la muerte de Aoibh se produjo como consecuencia del nacimiento de los gemelos; otras dicen que su muerte se debió a una enfermedad cuando los niños eran pequeños. Independientemente de la causa, Lir estaba desconsolado.

Intentando llenar el vacío en la vida de Lir y sus nietos, Bodb Dearg ideó una solución. El rey ofreció a otra de sus hijas para que fuera la esposa de Lir y la madrastra de sus cuatro hijos. Lir aceptó el plan porque quería una madre cariñosa para sus hijos. Así pues, la hermana de Aoibh, Aoife, se casó con Lir.

Al principio, el nuevo matrimonio prosperó. Aoife era una madrastra y esposa cariñosa. Sin embargo, con el paso del tiempo, Aoife empezó a sentir celos de la relación de Lir con sus hijos. Lir pasaba la mayor parte del tiempo jugando con los niños, dejando poco o ningún tiempo para una relación con Aoife. Tramó diferentes medios para llamar la atención de Lir, pero ninguna de sus estratagemas fue eficaz.

A continuación, Aoife se dedicó a eliminar a los niños, a los que ahora veía como sus rivales. Aoife quería a Lir para ella sola. Sin embargo, decidió no matarlos porque temía que sus fantasmas la persiguieran eternamente. Existen distintas versiones de los pasos que dio Aoife para lanzar su hechizo. En una de ellas, Aoife le dice a Lir que quiere llevar a los niños a visitar a su abuelo, el rey Bodb Dearg. Sin que Lir lo supiera, Aoife tenía otros motivos para el viaje.

Debido a un sueño la noche anterior, Fionnuala sospechaba de su madrastra. Sin embargo, Fionnuala no pudo impedir el viaje. Aoife convocó a la carroza y se llevó a los cuatro niños con ella, deteniéndose en el camino en un lago. Aoife ordenó a los niños que bajaran del carro y se metieran en el lago. Una vez que los niños hicieron lo que ella les había ordenado, lanzó su hechizo y los transformó en cisnes.

Tal vez a instancias de Fionnuala o por decisión propia, Aoife permitió que los hijos de su hermana conservaran la capacidad de hablar. Los niños recibieron el poder de cantar la música de los *sidhe*. (*sidhe* es también una referencia a los Tuatha Dé Danann.) Cuando los niños cantaban, sus canciones eran tranquilizadoras y agradables de escuchar.

Aoife con los niños en el lago.
https://commons.wikimedia.org/wiki/File:The_Children_of_L%C3%AEr,_A_Book_of_Myths.jpg

Dejando a los niños en el lago, Aoife continuó su viaje hacia el castillo del rey Bodb Dearg. A su llegada, el rey buscó a los niños, ansioso por saludarlos. Aoife le mintió, diciéndole que Lir no le permitiría llevar a los niños a verlo. No confiando en ella, el rey buscó la verdad en Lir.

Lir sabía que los niños se habían marchado, así que, con su bastón en la mano, se dirigió al castillo del rey. En su camino, pasó junto al lago y oyó voces. Temiendo lo peor, Lir y sus hombres siguieron las voces y descubrieron a los niños transformados. Los niños de Lir le hablaron y cantaron para su séquito. Desconsolado, Lir continuó hasta el castillo, donde informó a Bodb Dearg de las terribles noticias.

Enfurecido, Bodb Dearg preguntó a Aoife qué era lo que más temía. Ella dudó antes de responder: «El aullido del viento del norte». El rey utilizó sus poderes para transformar a Aoife en el viento del norte. Los gritos de Aoife aún pueden oírse durante las tormentas. Para proteger a sus nietos, Bodb Dearg decretó que nadie en Irlanda podía matar cisnes.

El hechizo de Aoife sobre los hijos de su hermana duró novecientos años. Cada trescientos años, debían trasladarse a un lago diferente. Los primeros trescientos años transcurrieron pacíficamente en el lago Derravaragh, donde su amado padre los visitaba a menudo. Los niños se despidieron de Lir y viajaron a los estrechos de Moyle durante los trescientos años siguientes. Fue una época tormentosa y turbulenta, por lo que los niños a menudo se separaban unos de otros mientras se encontraban en la vía navegable entre Irlanda y Escocia.

Durante los últimos trescientos años de la maldición, los niños juraron permanecer juntos en la isla de Inishglora. Este difícil paisaje hizo que los cuatro vivieran con un tremendo dolor. Cuando terminó la maldición, volvieron a casa, pero descubrieron que su padre había muerto.

Como ocurre con muchas historias antiguas, hay muchas iteraciones de este cuento. Lo que les ocurrió a los niños después de estar malditos durante novecientos años no es una excepción. Sin embargo, en ninguno de los finales los niños viven felices para siempre.

En uno de ellos, los cuatro vuelan a Erris tras descubrir que su padre ha muerto. Como su maldición ha terminado, tienen forma humana. En Erris conocen a san Mochaomhóg, un amable misionero cristiano. Mochaomhóg bautiza a los cuatro, que están marchitos y muy viejos. Tras su bautismo, mueren en paz y son enterrados como vivieron. Conn está a la derecha de Fionnuala, Aodh en sus brazos, y Fiachra a la izquierda de Fionnuala.

Otra versión representa a los niños, que conservaron su forma de cisne, encontrándose con un extraño una vez transcurridos los novecientos años. Este extraño busca Tír na nÓg, o la Tierra de los Jóvenes. Los niños dicen que allí ya no queda nada, pero el extraño, Aibric, insiste en que viajen con él. Los cisnes conducen a Aibric a la tierra donde crecieron. Una vez allí, Aibric pide a las montañas que se apiaden de los niños. La tierra los transforma mágicamente y recuperan la belleza de su infancia.

Sin embargo, una reina del sur oye hablar de los cisnes y exige a su marido, un rey del norte, que los encuentre y capture. Cuando el rey intenta apoderarse de los cisnes, sus cuerpos se convierten en polvo. Las almas de los niños escapan y se reúnen con sus padres en el más allá.

Los cisnes se han utilizado a lo largo del tiempo y en diversas culturas para representar muchos rasgos que los humanos aspiran a alcanzar. Entre las cualidades que se atribuyen a los cisnes figuran el amor, la lealtad y la confianza. Los niños muestran todos estos atributos. Estos rasgos también impulsaron a su madrastra a actuar con un furioso ataque de celos.

La lealtad y la confianza son importantes, como bien se sabe. Al principio, Lir no apoya al nuevo rey. Cree que se ha ganado el derecho a liderar la tribu. Cuando no es elegido, Lir está comprensiblemente enojado. Algunos en el círculo íntimo de Bodb Dearg creen que debería eliminar a Lir. Sin embargo, Bodb Dearg buscó la lealtad de todos en su tribu.

Para asegurarse esa lealtad, Bodb Dearg ofrece a su hija a Lir en un matrimonio concertado. La unión entre Lir y Aoibh asegura la lealtad de Lir al nuevo rey de los Tuatha Dé Danann, que ahora confía en él y lo apoya.

El amor verdadero es producto de esta alianza matrimonial. El profundo amor entre Lir y Aoibh da como resultado cuatro hermosos hijos. Tras la muerte de Aoibh, el amor de Lir por sus hijos se hace aún más profundo. A través del tiempo y viendo el maravilloso éxito del matrimonio de su primera hija, Bodb Dearg organiza una segunda unión. La lealtad y la confianza entre Lir y Bodb Dearg son recíprocas.

El amor increíblemente profundo de un padre por sus hijos inicia el camino hacia su transformación, ya que la falta de amor desencadena unos celos furiosos. Su madrastra, Aoife, transforma a los niños en cisnes, que representan todos los rasgos que ella no posee.

Al transformarse de torpes pájaros en animales gráciles y elegantes, los cisnes demuestran la necesidad de mostrar amor interior. El amor de los niños entre sí también les permite sobrevivir novecientos años lejos de casa. A pesar de todos los retos a los que se enfrentaron, los niños siguieron compartiendo sus hermosas canciones, sin perder nunca la voz de lo que eran. Permanecieron leales a sí mismos y a su familia, y su inquebrantable confianza en el amor a su padre los sostuvo hasta que sus almas se reunieron finalmente con su padre y su madre.

Los cisnes se emparejan de por vida, y Lir y Aoibh eran verdaderos compañeros de por vida. Lir no pudo alimentar otro matrimonio tras la muerte de Aoibh. Durante trescientos años, Lir visitó a sus hijos. Y los hijos permanecieron juntos y fueron leales el uno al otro durante novecientos años. El amor y la devoción de un padre a su esposa, de un padre a sus hijos y de unos hermanos entre sí son extraordinarios.

Los hijos de Lir también ilustra elementos del renacimiento. Bodb Dearg es el rey de los Tuatha Dé Danann. Según la leyenda, en una de sus últimas batallas, la tribu buscaba sobrevivir. Algunas historias hablan de su desaparición, mientras que otras cuentan que evadieron a los milesianos yéndose bajo tierra. Estos lugares subterráneos se conocen como túmulos *sidhe*, que es la misma canción que cantaban los niños mientras atravesaban las aguas. Aunque las formas de los niños se transformaron en cisnes, conservaron la conexión con su tribu.

Desde los túmulos subterráneos, las tribus podían transportarse entre Tír na nÓg y este mundo, también llamado la Tierra de los Jóvenes. Esto continuó la línea de vida de los Tuatha Dé Danann. Se cuenta que los Tuatha Dé Danann siguen viviendo en los túmulos subterráneos. Pero quizá renacieron como hadas, que pueblan muchos mitos irlandeses.

Los irlandeses creían en una vida después de la muerte o en otro mundo. En una versión, los hijos de Lir dejan sus cuerpos como polvo en este mundo y sus almas se reúnen con sus padres en el más allá. La transformación de la forma humana en la de un cisne apoya la visión celta del ciclo de la vida, ya que el cambio entre formas y mundos se hacía con fluidez.

Escultura en Ballycastle
Michael Dibb / Hijos de Lir;
https://commons.wikimedia.org/wiki/File:Children_of_Lir_sculpture_Ballycastle,_County_Antrim_2017-07-29.jpg

En toda Irlanda hay estatuas y joyas que representan a los niños. Sobrevivir con gracia y estar interconectados unos con otros son algunas de las razones por las que este cuento resuena en tantas personas. La capacidad de reinventarse y adaptarse al entorno es la clave de la supervivencia en cualquier época. Cambiar de un mundo a otro y confiar en que la forma que uno adopta seguirá representando lo que uno es son temas que resuenan en muchos.

Capítulo 6: Otros mitos irlandeses importantes

Las historias y los mitos de los primeros tiempos de Irlanda se transmitían de generación en generación. Las historias de criaturas magníficas que realizaban hazañas increíbles se transmitían en familias y pueblos. Actualmente, escuchar y leer estas historias tiene múltiples significados. Los personajes de los mitos irlandeses son complejos, y sus papeles y vidas pueden cambiar de una historia a otra. Las complejidades de estas historias que fueron sagradas para la gente de hace miles de años son más accesibles cuando se profundiza en ellas a través de la lente de los ciclos de los mitos irlandeses.

Ya hemos mencionado brevemente estos ciclos en el capítulo anterior, pero los cuatro ciclos o agrupaciones de mitos irlandeses son el Ciclo mitológico, el Ciclo del Ulster, el Ciclo feniano y el Ciclo del rey. Cada ciclo tiene sus propios rasgos, personajes, valores y sistema de creencias que se compartían con los oyentes.

El Ciclo mitológico es el más antiguo y, por tanto, el menos conservado. Los relatos de esta agrupación se centran en cinco oleadas de invasiones de Irlanda. No deben confundirse con las conquistas de Irlanda por los vikingos, los romanos o las tribus celtas. Aunque no se escribieron hasta el año 1100 de nuestra era, se cree que estos sucesos ocurrieron más de mil años antes de que los monjes cristianos registraran las hazañas de seres sobrenaturales y sus hazañas.

Varias versiones del *Lebor Gabála Érenn*, también conocido como «El libro de las invasiones» o «El libro de la toma de Irlanda», hablan de las batallas de distintos grupos que lucharon por el control de Irlanda. Los mitos de origen irlandeses difieren de los de otras culturas. En muchas culturas, los mitos de origen explican cómo surgió el mundo y lo que hay en él. Las historias narradas en *El libro de las invasiones* hablan de gente que llega a colonizar la tierra desde otros lugares.

Las invasiones son a veces conquistas, mientras que otras veces se trata de expediciones de colonización o de reasentamiento de personas. Cessair, nieta de Noé, y sus seguidores son los primeros pobladores de Irlanda en algunos mitos de origen. Para escapar del diluvio bíblico, Cessair convence a su padre, Bith, y a su pueblo para que huyan. Zarpan hacia el extremo occidental del mundo. Cuando desembarcan en Irlanda, cuentan con cincuenta mujeres, incluida Cessair, y tres hombres.

Para equilibrar la población y repoblar para sobrevivir, cada uno de los tres hombres recibe dieciséis esposas. Sin embargo, los miembros de la expedición perecen pronto a causa del diluvio, excepto Fintan mac Bóchra. Este último, un cambiaformas, sobrevivió a la inundación como un salmón en lo que ahora se conoce como la tumba de Fintan, que se cree que está en las montañas de Arra, cerca de Lough Derg.

Tras la crecida, Fintan se transformó en halcón. Durante más de cinco mil años, Fintan proporcionó sabiduría y guía a los reyes de Irlanda. Fintan compartió sus consejos durante la era de Fionn mac Cumhaill, en el siglo V de nuestra era.

Casi trescientos años después de la desaparición de los primeros pobladores de Irlanda, la tierra permaneció deshabitada. Otro descendiente de Noé, Partolón, dirigió la segunda invasión. Muchos relatos describen a Partolón como un líder villano que arruinó su patria y mató a sus padres antes de partir hacia una nueva tierra.

Partolón, Dealgnaid (su reina) y su tribu se asentaron cerca de Dublín; se les atribuye la introducción de la agricultura y la construcción en Irlanda. Tras asentarse en la zona, los Partholóin son atacados por una tribu de gigantes, los fomoré. Este pueblo mágico procedía de la isla de Tory. Tras lograr el éxito en sus batallas contra los fomoré, *El libro de las invasiones* relata cómo los Partholóin fueron diezmados por una plaga.

Más de nueve mil Partholóin murieron a causa de la peste y fueron enterrados en una zona que hoy se conoce como Tallaght. El nombre de la ciudad deriva de *támh leach*, que significa «tumba de la peste».

Irlanda volvió a quedar despoblada a causa de la peste. El nieto del hermano de Partolón, Nemed, decidió liderar el siguiente asentamiento de Irlanda. El *Lebor Gabála Érenn* habla de los nemedios y sus batallas contra los fomoré s. Los nemedios tuvieron más éxito contra los fomoré que los Partholóin; sin embargo, la peste causó estragos entre los nemedios, matando a miles de ellos, incluido su líder. Finalmente, los fomoré obligaron a los nemedios restantes a abandonar Irlanda.

Los Fir Bolg fueron el cuarto grupo que invadió Irlanda e intentó establecer su civilización. Los relatos de *El libro de las invasiones* hablan de estos pueblos que trajeron a Irlanda su sistema judicial y su jerarquía gobernante. Su cronología y su historia son paralelas a las del Libro del Éxodo de la Biblia. Los Fir Bolg habían sido esclavizados, pero lograron escapar a Irlanda. Eran una tribu pacífica, pero su estancia en Irlanda duró poco. Los Fir Bolg fueron rápidamente superados por los Tuatha Dé Danann. Los detalles se cuentan en la primera batalla de Mag Tuired.

Los Tuatha Dé Danann son el quinto grupo de vencedores y el más conocido. *El libro de las Invasiones* detalla que su llegada fue diferente a la de los cuatro primeros grupos, que llegaron por mar. Los Tuatha Dé Danann eligieron demostrar sus poderes mágicos y divinos y aparecieron en nubes de niebla oscura.

Se dice que los Tuatha Dé Danann proceden de la diosa Danu y que establecieron la primera cultura de las diosas en Irlanda. Al igual que los grupos que llegaron antes que ellos, los Tuatha Dé Danann se enfrentaron a los fomoré en la batalla. Sin embargo, los Tuatha Dé Danann eran más poderosos y mantuvieron a raya a los fomoré.

Los Tuatha Dé Danann aportaron muchos dioses, diosas, tesoros mágicos y lugares especiales a las historias de la fundación de Irlanda. Los Tuatha Dé Danann trajeron a Irlanda la lanza de Lugh, el caldero de Dagda, la piedra de Fal y la espada de Nuada. Entre los dioses y diosas de los Tuatha Dé Danann se encuentran Lir, el dios del mar; Ogma, el dios del aprendizaje y la escritura; Lugh, el dios del sol y la luz; Brigid, la diosa de la fertilidad y la salud; y Dagda, el dios de la muerte y la vida.

Los Tuatha Dé Danann, que gobernaron Irlanda durante muchos años, fueron los últimos inmortales que controlaron el país. Cuando los milesianos, antepasados del pueblo celta, derrotaron a los Tuatha Dé Danann en la batalla de Tailtiu, los Tuatha Dé Danann desaparecieron de Irlanda.

Las historias cuentan que los Tuatha Dé Danann fueron conducidos a la clandestinidad. Otros relatos afirman que se llegó a un acuerdo entre los milesianos y los Tuatha Dé Danann en el que los milesianos gobernarían el mundo físico y los Tuatha Dé Danann controlarían el reino espiritual. En el mundo espiritual, los Tuatha Dé Danann viven en los montículos de hadas que se pueden encontrar por toda Irlanda, o se han retirado a Tír na nÓg, el Otro Mundo. Como los Tuatha Dé Danann son inmortales, siguen viviendo hasta nuestros días.

Los Jinetes de los Sidhe

Los *aos sí* proceden de los Tuatha Dé Danann. También conocidos como *sidhe* o «gente de los montículos», estos descendientes de los Tuatha Dé Danann incluyen a muchos personajes famosos de la mitología y el folclore irlandeses, como duendes, *banshees* y mutantes.

Cronológicamente, el Ciclo del Ulster sigue al Ciclo mitológico, que transcurrió hace más de dos mil años. Más de ochenta historias hablan de los Ulaid. Este grupo de personas vivía en la zona del actual Ulster, que debe su nombre a los Ulaid.

Anteriormente, la agrupación de historias se denominaba Ciclo de la rama roja o *Rúraíocht*. Durante este periodo, no existía un rey central que gobernara toda Irlanda. En su lugar, muchos reinos provinciales se repartían la tierra. El término «rama roja» es una traducción del irlandés antiguo de los nombres de dos de las casas gobernantes del rey Conchobar. A lo largo de las historias de este ciclo, se entreteje una mezcla de información semihistórica con componentes mitológicos.

Muchos relatos del Ciclo Ulaid se refieren a las acciones y hazañas del rey Conor o Conchobar mac Nessa y sus rivales. Conchobar gobernaba desde Emain Macha, donde se encuentra el fuerte de Navan, en Irlanda del Norte, con los caballeros de la Rama Roja. Sus oponentes eran el rey Ailill y la reina Medb, cuya corte se encontraba en Connaught.

Las historias del Ciclo de Ulaid tienen lugar en la época de Jesucristo, alrededor del siglo I de nuestra era. El calendario de la vida del rey Conchobar coincide casualmente con el de la estancia de Jesús en la Tierra. Sin embargo, puede que no sea tan casual. Como habrá notado, muchos de los mitos contienen algunos aspectos del cristianismo. Dado que los relatos fueron transcritos por monjes años después de que se transmitieran por tradición oral, es probable que los monjes les dieran su propio enfoque.

En esta agrupación de cuentos, los acontecimientos del mundo celta combinan elementos mágicos, similares a los del Ciclo mitológico, con poderosos guerreros y sus legendarias batallas. Los personajes pasan de tener rasgos de astucia y encantamientos a ser heroicos luchadores más grandes que la vida que luchan por la adoración de su tribu.

Mosaico que representa el robo al ganado de Cooley

Una de las historias clave del Ciclo del Ulster es uno de sus elementos y figuras centrales: El robo al ganado de Cooley o *Táin Bó Cúailnge*. Uno de los más feroces y conocidos caballeros de la Rama Roja es Cú Chulainn, sobrino del rey Conchobar. Un día, la enemiga del rey Conchobar, la reina Medb, decide robar a su rival Donn Cúailnge, que tenía fama de ser el toro más fértil de Irlanda. En aquella época, la riqueza y el estatus venían determinados por la calidad y la cantidad del ganado.

La reina Medb envió a su ejército a capturar el toro, y tomaron por sorpresa a las fuerzas de Conchobar. Sin embargo, una vez que Cú Chulainn regresó, las tornas de la batalla cambiaron rápidamente. Cú Chulainn era hijo de Lugh, el dios del sol y la luz que condujo a los Tuatha Dé Danann a la victoria contra los fomoré. Cú Chulainn, de diecisiete años, desmanteló uno a uno el ejército de Medb.

Desesperada por ganar la batalla, Medb ofreció a Cú Chulainn tierras y dinero para que luchara por su reino. Cú Chulainn se negó; sin embargo, ofreció cesar sus ataques contra sus hombres si ella enviaba a un guerrero a luchar contra él. Con engaños, Medb obligó a Ferdia, el hermano adoptivo de Cú Chulainn, a luchar. Medb provocó a Ferdia haciendo correr la voz de que era un cobarde. Esto enfureció a Ferdia, que fue a ver a la reina e insistió en que se detuviera. Preparada para su visita, Medb organizó un fabuloso banquete. Tras agasajar a Ferdia con vinos y comida, se enamoró de la hermosa hija de Medb. Medb prometió a Ferdia la mano de su hija si luchaba contra Cú Chulainn.

Durante días se libró una feroz batalla. Toda Irlanda estaba cautivada por la lucha. Después de que la espada de Ferdia se clavara en el pecho de Cú Chulainn, llegó el momento de que Gáe Bolga, la lanza dentada proporcionada por Scáthach, la reina guerrera mágica, pusiera fin a la batalla. Con toda la fuerza y el poder que le quedaban, Cú Chulainn lanzó la lanza. Esta lanza especial requería una técnica que solo Cú Chulainn sabía ejecutar. Ferdia murió inmediatamente.

Al final, Medb y su marido se dan cuenta de que no pueden ganar la batalla por Donn Cúailnge. Siguió una paz de siete años entre los dos reinos. La reputación y el estatus legendario de Cú Chulainn se afianzaron firmemente entre todos los reinos. Luchó en muchas otras batallas hasta que la brujería y las artimañas de Lugaid mac Con Roí lo derrotaron a la edad de veintisiete años.

Compartiendo algunos rasgos similares con el Ciclo Ulaid, las historias y personajes del Ciclo feniano incluyen feroces guerreros con poderes sobrenaturales. Cú Chulainn, el héroe del Ciclo Ulaid, luchaba por su tribu y su pueblo. El icono del Ciclo feniano era Fionn mac Cumhaill (Finn McCool), el líder de los *fianna*. Este grupo de guerreros estaba formado más por renegados nómadas que por figuras de los primeros mitos irlandeses.

Fionn mac Cumhaill acude en ayuda de los *fianna*
https://commons.wikimedia.org/wiki/File:Finn_Mccool_Comes_to_Aid_the_Fianna.png

El rey supremo de Irlanda formó los *fianna*. Su intención era que los *fianna* trabajaran para protegerlo a él y a su reino. Muchos clanes se reunieron para formar los *fianna*, pero unirse a ella requería una lealtad de por vida. Para ser considerado miembro de esta banda de guerreros, había que superar una serie de pruebas.

Los *fianna* eran inteligentes, ya que necesitaban conocer los doce libros de poesía que contenían la historia de Irlanda. Como hábiles bardos y músicos, podían deleitar al público con horas de entretenimiento. Pero también eran guerreros poderosos y hábiles. Los *fianna* debían ser valientes y solo podían casarse por amor. Estos rasgos y habilidades hicieron que fueran bienvenidos en muchos pueblos mientras recorrían la campiña.

El rey supremos Cormac mac Airt eligió a Fionn mac Cumhaill para liderar a los *fianna*. Bajo la tutela de Fionn, los *fianna* alcanzaron la cima del poder. Fionn fue un líder eficaz durante la mayor parte de su mandato. Para ser justos, tenía una ventaja. Nació de un druida, quien le otorgó sabiduría. Fionn también obtuvo poderes de otro mundo cuando era joven.

Finnegas, un druida, había pasado más de siete años intentando atrapar el Salmón del Conocimiento. Este salmón especial contenía todo el conocimiento del mundo porque comía avellanas que caían de nueve árboles sagrados que rodeaban el Pozo de la Sabiduría. Un día, Finnegas y Fionn viajaron por el río Boyne. La leyenda decía que cualquiera que comiera el salmón obtendría el mismo conocimiento que él.

Fionn ayudó a Finnegas a pescar finalmente el pez. El joven Fionn se encargó de cocinar el pescado, pero le dijeron que no se lo comiera. Mientras Mac Cumhaill cocinaba el pescado, se quemó el pulgar. Instintivamente, se llevó el pulgar a la boca para mitigar el dolor. Los jugos del salmón estaban en su pulgar, haciendo que su sabiduría entrara en Fionn. Así, cada vez que Fionn se chupaba el pulgar, podía invocar la sabiduría del Salmón del Conocimiento, que le ofrecía una protección increíble.

Ilustración del Salmón del Conocimiento.
https://commons.wikimedia.org/wiki/File:Salmon-of-Knoweldge-1904.jpg

Enlazando las historias con el siguiente ciclo está el rey supremo Cormac mac Airt, el rey que eligió a Fionn mac Cumhaill como líder de los *fianna*. Sus hazañas son un componente significativo del último ciclo de la mitología irlandesa, que se denomina Ciclo del rey o Ciclo histórico. Los personajes de este ciclo son una mezcla de personajes históricos y mitológicos. Los escenarios y las hazañas de los personajes también pueden ser una fusión de realidad y magia. Sin embargo, las historias de este ciclo no siempre son una mezcla de míticas e históricas; algunas pueden ser puramente históricas, como las de Brian Boru.

Las historias del Ciclo del rey tratan, como su nombre indica, de los reyes de Irlanda. Estos relatos pretendían ofrecer ejemplos de lo que significaba ser un buen rey, así como representaciones de reyes ineficaces. Se compartían con los oyentes detalles de la vida de los reyes, como sus aventuras, su capacidad de liderazgo en la batalla, sus matrimonios y mucho más. Esta colección de mitos e historias incluye relatos desde el siglo III a. C. hasta aproximadamente el siglo XI de nuestra era.

Un concepto importante en este ciclo es la imposición de *geasa*. Se trata de restricciones decretadas a menudo por parejas. En el Ciclo del rey, una *geis* (singular de *geasa*) es un voto que vincula al rey con su pueblo. Romper el voto o cometer un acto prohibido significaba que el rey había violado su voto sagrado con el reino. Incumplir el *geis* acarreaba la deshonra y podía conducir a la muerte. Sin embargo, seguir las expectativas de la *geasa* hacía que una persona adquiriera un poder increíble.

En *Book of the Dun Cow* (El libro de la vaca Dun), se puede encontrar la historia del rey supremo Conaire Mór en *Togail Bruidne Dá Derga* o «La destrucción del albergue de Dá Derga». Conaire era hijo de Eterscél Mór, y todos los signos de su nacimiento le auguraban un futuro favorable y la realeza. Con un reino en su futuro, a Conaire se le colocó la *geasa*, como a todos los reyes. Los primeros días del reinado de Conaire vieron un reino pacífico y próspero.

Una de las *geasa* que enmarcaban el reinado de Conaire era que no podía cazar aves marinas. Las aves habían visitado a Conaire y le habían dicho que formaban parte de la tribu de luchadores de su padre, lo que las hacía intocables. Mientras Conaire fue rey, nunca pudo dejar entrar a una mujer en su casa después de medianoche. Tampoco podía seguir ni escuchar a los tres guerreros rojos que montaban caballos rojos.

Después de años de liderar Irlanda, el gobierno de Conaire llegó a un final mortal. Se vio obligado a elegir entre seguir su *geasa* o ayudar a sus hermanos adoptivos. Conaire violó sus votos y eligió ayudar a sus hermanos.

La promesa rota que precipitó la muerte de Conaire fue no seguir la advertencia que recibió de no ir al albergue de Da Derga. En su camino hacia el albergue, Conaire se encontró con los tres hombres vestidos de rojo que le habían advertido que evitara. Estos hombres eran heraldos que advertían a Conaire de su muerte inminente. Tras violar el *geis*, continuó hasta el albergue. Los enemigos de Conaire se reunieron con él allí, y fue atacado y asesinado en la emboscada.

Los relatos del Ciclo del rey cuentan las historias de muchos otros reyes. Y, al igual que otros mitos, pretendían ser una guía para que la gente viviera.

Capítulo 7: Samhain y sus múltiples tradiciones

Las tradiciones mitológicas celtas incluían la celebración de ocho días sagrados a lo largo del año civil, que se dividía en trimestres. Las estaciones dividían el año, con cuatro festivales que señalaban los cambios de estación. También se observaban los dos solsticios y equinoccios anuales.

Los cambios estacionales estaban marcados por los cuatro festivales del fuego: Imbolc, Beltane, Lugnasad y Samhain. Con Samhain comenzaba el año nuevo, aunque se celebraba al final de la temporada de cosechas, no a principios de enero como muchos de nosotros celebramos hoy en día. El 1 de febrero señalaba el comienzo de la primavera con Imbolc. El verano o Beltane se reconocía el 1 de mayo. Y como colofón de los cuatro principales días sagrados del año, el 1 de agosto se celebraba Lugnasad, el comienzo de la temporada de cosechas. Los festivales del fuego más significativos eran el comienzo de la oscuridad, señalado con Samhain, y el comienzo de la luz, que se celebraba en Beltane.

En la noche anterior a días sagrados significativos como Samhain, los antiguos celtas creían que los dioses estaban más cerca de la tierra que en cualquier otro día del año. En la víspera de Samhain, la cortina entre este mundo y el Otro Mundo era más delgada, lo que permitía una transferencia más fácil entre el mundo de los dioses y los *sidhe* al reino terrenal de los vivos. En otras palabras, el pueblo de las hadas y los muertos podían infiltrarse en el mundo de los seres terrenales.

Durante la celebración de Samhain, las puertas y ventanas se dejaban abiertas y sin pestillo, ya que los muertos, considerados huéspedes venerados, podían viajar fácilmente entre los mundos. Se preparaban comidas y pasteles especiales para recibir a los visitantes. A ningún mortal terrenal se le permitía tocar la comida que se dejaba para los visitantes muertos. Si alguien violaba este ritual, estaba condenado a vivir su vida después de la muerte como un alma hambrienta, ya que no podría participar en el banquete de Samhain.

Para entretener a los difuntos cuando no estaban comiendo, se organizaban actividades. Los niños del pueblo jugaban a juegos. Cada año, los líderes de la comunidad evaluaban el nivel de participación de cada una de las actividades. Solo se repetían en el siguiente Samhain las actividades que recibían una respuesta positiva, ya que los ancianos de la aldea querían asegurarse de que los muertos siguieran participando con los vivos.

Cuando se recogían las cosechas de verano, los antiguos celtas dejaban que las hogueras se apagaran solas, lo que simbolizaba el paso del año anterior y los preparativos para el nuevo. Una vez cosechados los campos, se encendía un nuevo fuego comunal. Los sacerdotes druidas realizaban un ritual y encendían un fuego puro para celebrar el Samhain. Se utilizaba una rueda, que representaba al sol, para encender el roble sagrado del fuego ceremonial. Los miembros de la comunidad arrojaban objetos simbólicos a las llamas mientras rezaban por el nuevo año. Los participantes se llevaban una llama pura del fuego comunitario a sus casas para encender sus hogares. Esta llama encendía un nuevo comienzo para la familia.

Samhain era un breve periodo de transición entre el verano y el invierno. Este tiempo transitorio se conoce como espacio liminal. Como Samhain era el movimiento entre el verano y el invierno, no se medía en tiempo, ya que las horas y los días de Samhain no eran ni de verano ni de invierno. Para los antiguos celtas, este «tiempo flotante» significaba que los que estaban en la Tierra no estaban atados a ella. Se consideraba un periodo tranquilo; los aldeanos y las familias no discutían entre sí.

Durante el espacio liminal de Samhain se produjeron importantes acontecimientos mitológicos. Uno de ellos fue la segunda batalla de Moytura o *Cath Magh Tuired*. En esta batalla, dos grupos de poderes sobrenaturales lucharon por la supremacía. En este épico enfrentamiento, triunfaron los Tuatha Dé Danann. Sin embargo, su rey, Nuada, murió como resultado de la batalla, dando lugar al liderazgo de Lugh.

Los siguientes enemigos de los Tuatha Dé Danann fueron los milesianos, considerados los antepasados de los celtas. Después de que los milesianos derrotaran a los Tuatha Dé Danann, estos fueron relegados a vivir bajo tierra. Los Tuatha Dé Danann pasaron a ser conocidos como los *aos sí*, el pueblo de los montículos de hadas. Los *sidhe*, o montículos, eran pasadizos hacia el Otro Mundo. Los *aos sí* viajaban abiertamente entre los dos mundos durante Samhain.

Ilustración de Aengus
Internet Archive Book Images, Sin restricciones, vía Wikimedia Commons;
https://commons.wikimedia.org/wiki/File:Heroes_of_the_dawn_(1914)_(14566173909).jpg

Otro mito en el que Samhain ocupa un lugar destacado es uno de los cuentos de Óengus o Aengus, miembro de los Tuatha Dé Danann. Él sueña continuamente con una mujer misteriosa. Cuando Aengus la busca, ella desaparece continuamente. El tiempo liminal de Samhain le permite a ella, una cambiaformas llamada Caer, ir entre los dos mundos, transformándose de humana en cisne.

Aengus busca a la mujer de sus sueños. Medb y Ailill lo ayudan. Juntos, encuentran a su padre, Ethal Anbuail. Sin embargo, él no tiene control sobre Caer, la diosa de los sueños y la profecía. Sin embargo, Ethal les dice dónde pueden encontrarla. Caer estará con otros 150 cisnes, y para que Aengus tenga a Caer, debe ser capaz de reconocerla entre todas las demás aves.

Aengus sabe que puede reconocer a la mujer que persigue sus sueños, aunque se haya transformado. Ve a Caer y la llama para que venga con él. Caer le responde que solo se unirá a Aengus si este entra en el agua. Su amor por ella es tan profundo que se transforma en cisne. Juntos, cantan música encantadora durante tres días y tres noches. La leyenda dice que aún se pueden oír las bellas melodías de Aengus y Caer durante Samhain.

Otro conocido personaje celta, Fionn mac Cumhaill, influyó en los acontecimientos utilizando los poderes místicos disponibles durante Samhain. Cuando Fionn era joven, aprendió poesía con Cethem. Todos los años, Cethem viajaba a un túmulo de hadas o *sidhe*. Fionn notó que Cethem siempre se detenía en un lugar específico, el hogar del hada Éle.

Éle tenía muchos admiradores debido a su increíble belleza, y todos le resultaban fastidiosos. Durante Samhain, muchos intentaban ganarse su afecto. Irritados por su atención, muchos admiradores perdieron la vida en su vana lucha por cortejar a la legendaria belleza.

A Fionn le molesta la muerte que Éle inflige mientras observa su cortejo de pretendientes. Así que, en Samhain, Fionn decide vengarse. Se esconde cerca del *sidhe* de Éle. Fionn venga las muertes de aquellos que habían encontrado la muerte en sus intentos de impresionar a Éle y, al hacerlo, se gana la admiración de las demás hadas.

Fionn mac Cumhaill luchando contra Áillen
Internet Archive Book Images, Sin restricciones, vía Wikimedia Commons;
https://commons.wikimedia.org/wiki/File:Heroes_of_the_dawn_(1914)_(14750481494).jpg

Fionn aparece como protagonista en otro mito relacionado con Samhain. Sus interacciones con Áillen mac Midgna se comparten en *The Boyhood Deeds of Fionn*. Cuando los Tuatha Dé Danann fueron derrotados por los milesianos, se vieron obligados a vivir en los montículos de las hadas. Una de las hadas, Áillen, se enfadó por su derrota y reubicación.

Áillen, un músico increíble, utilizó su talento musical para causar estragos en el increíble Gran Salón de Tara como parte de su venganza. Cada Samhain, Áillen aprovechaba el tiempo liminal para abandonar su *sidhe* y regresar al mundo mortal. Se ponía una capa mágica, que le daba el poder de respirar fuego, y se dirigía al palacio del rey supremo de Irlanda. En este venerado lugar de Tara, Áillen tocaba su arpa.

Todos los asistentes al gran salón caían bajo el hechizo de su música. Una vez que todos estaban dormidos, Áillen utilizaba sus poderes para soplar fuego, quemando el magnífico palacio hasta los cimientos. Una vez cumplida su misión, Áillen escapaba a su *sidhe* en el Otro Mundo.

Cada año, la renombrada sala de Tara era reconstruida. Pero nadie era capaz de detener a Áillen debido a la rapidez con la que sumía a la gente en un profundo sueño. Todo cambió cuando Fionn mac Cumhaill entró en escena. Fionn hizo un trato con el rey supremo. A cambio del liderazgo de los *fianna*, una banda errante de combatientes, Fionn libraría al mundo de Áillen. El rey aceptó.

Sin embargo, nadie era inmune al hechizo del arpa mágica, ni siquiera Fionn. Así que le pidió prestada una lanza a Fiacha, un guerrero. Cuando llegó la siguiente víspera de Samhain, Fionn respiró los vapores de la lanza mágica de Fiacha. Estos vapores mágicos le dieron a Fionn la protección que necesitaba contra la música. Cuando Áillen llegó a Tara, fue recibido por Fionn, que se negó a caer bajo su hechizo. Fionn se aprovechó de la confusión de Áillen, atravesándolo con la lanza hechizada. Fionn apuñaló a Áillen, librando al rey supremo de la destrucción anual de su fabulosa sala en la colina de Tara.

Asociado a la fiesta de Samhain y a otras fiestas en Irlanda está el fabuloso Dullahan, que se creía vinculado a Crom Dubh o Crom Cruach. Se sabía que Crom Dubh, el dios celta de la fertilidad, se apaciguaba con sacrificios humanos.

Tigernmas, el supremo rey de Irlanda que murió alrededor del año 1500 a. C., apoyaba el culto a Crom Dubh en su reino. Una noche de Samhain, Tigernmas y muchos habitantes de su reino adoraron a Crom Dubh en Magh Slécht, un lugar de reunión para los seguidores del dios. A la mañana siguiente, todos los que se habían reunido en Magh Slécht estaban muertos.

Se cree que el Dullahan, con sus conexiones con Crom Dubh, aparece alrededor de la medianoche durante el festival de Samhain y otros días festivos. Crom Dubh tenía expectativas sobre el número de almas que debían ofrecérsele en culto. Cuando el cristianismo llegó a Irlanda, ofrecer sacrificios humanos a los dioses dejó de ser una práctica aceptable. En ese momento, Crom Dubh se transformó en el Dullahan para poder cumplir sus cuotas de muerte. Según los relatos de los antiguos, Crom Dubh prefería que sus sacrificios fueran decapitados, razón por la cual el Dullahan aparece sin cabeza.

Aunque hay muchas descripciones del Dullahan, algunas hablan de él conduciendo una carroza espeluznante y oscura tirada por entre cuatro y seis sementales negros. Su *Cóiste Bodhar*, o carroza silenciosa, lo relaciona con la *banshee*. Sin embargo, a menudo se lo representa como un jinete sin cabeza. Las noches que cabalga, el Dullahan lleva su cabeza resplandeciente en la mano. Levantando la cabeza por encima de él, la visión paranormal del Dullahan le permite buscar a su víctima.

El látigo del Dullahan, construido con espinas dorsales humanas, se utiliza para obligar al semental a moverse tan rápido que los cascos del caballo echan chispas de fuego. La enorme montura del Dullahan emite llamas por la nariz y deja una estela de arbustos ardiendo a su paso.

Cuando el Dullahan, o *Gan Ceann* (que significa «sin cabeza» en irlandés), deja de cabalgar, alguien está a punto de morir. Solo habla una vez en su viaje, y es para pronunciar el nombre de su víctima. Al pronunciar el nombre de la persona, el Dullahan ha tomado su alma.

Los espectadores también deben temerle, ya que hay dos castigos por mirar al Dullahan. O te arroja un cubo de sangre a la cara o utiliza su fusta. Si te golpea con su látigo hecho de fragmentos de espina dorsal humana, te dejará ciego de un ojo.

La única protección contra el heraldo de la muerte es el oro. En el pasado, la gente llevaba algo de oro consigo o llevaba joyas de oro para mantenerlo a raya.

Como ocurre con muchos otros personajes de la mitología celta, se han contado variaciones de la historia del «Jinete sin cabeza» en muchos países y épocas. *La leyenda de Sleepy Hollow*, de Washington Irving, es un clásico estadounidense basado en el Dullahan. Estas y otras historias son eternas favoritas que se comparten en Halloween, que tiene sus raíces en Samhain.

Samhain también se conoce como el Festival de los Muertos o *Féile na Marbh* en irlandés. No todos los muertos eran visitantes pacíficos. Muchos deseaban vengarse. Por ejemplo, los *renacidos* son cadáveres que se levantan de entre los muertos para infligir terror a los vivos.

Un ejemplo de muerto viviente o, en irlandés, *neamh-mairbh* es Abhartach, «enano» en irlandés. Despreciado por el pueblo al que gobernaba, Abhartach era un hombre vengativo y envidioso. Creía que su esposa tenía una aventura, así que la siguió, saliendo por una ventana de su castillo para seguirla en secreto. Al hacerlo, cayó muerto.

El alivio se extendió por todo el reino. Queriendo librarse de Abhartach, el pueblo lo enterró inmediatamente. El decoro dictaba que los líderes de su rango debían ser enterrados de pie. Al día siguiente, Abhartach reapareció y exigió sangre a su pueblo. Atemorizados, sus súbditos accedieron y le suministraron su sangre. Pero sabían que no podrían saciar al gobernante no muerto para siempre, así que acudieron a Cathán, un jefe de las cercanías. Cathán esperó a que Abhartach reapareciera y lo mató. Una vez más, Abhartach fue debidamente enterrado. Y una vez más, Abhartach, el vil *neamh-mairbh*, regresó e insistió en obtener más sangre de los aldeanos.

Cathán pidió ayuda a san Eoghan. Este le dijo que, puesto que Abhartach ya estaba muerto, la única forma de matarlo era atravesarle el corazón con una espada hecha de tejo. El tejo tenía muchos simbolismos para el pueblo celta. Representaba la fuerza intensa y el contraste entre la vida y la muerte. Además, en la antigüedad, las puntas de las lanzas se mojaban en la savia venenosa del tejo.

Cathán hizo lo que le ordenó Eoghan. Tras apuñalar a Abhartach, Cathán lo enterró boca abajo. Encima de la tumba se colocó un bloque de piedra que no se podía mover. Todos los poderes místicos de Abhartach fueron eliminados. En las versiones precristianas, Eoghan es sustituido por un druida. En todas las historias, la tumba de Abhartach se llama Slaghtaverty Dolmen. La gente sigue diciendo que allí ocurren cosas extrañas. Se cree que el vampiro irlandés sirvió de inspiración para el Drácula de Bram Stoker.

Dullahan y Abhartach no eran los únicos espíritus hostiles que iban de un mundo a otro. Durante Samhain, los vivos utilizaban distintos medios para intentar mantener alejadas de sus hogares a las almas antagonistas. Una forma de hacerlo era apagar el fuego del hogar familiar el día de *Oíche Shamhna* o Samhain (31 de octubre).

Las comunidades se unían entonces para hacer *Samhnagans* u hogueras que emergían de la noche más oscura del año. Al volver a encender las hogueras comenzaba el nuevo año. Los druidas encendían el nuevo fuego, que contenía huesos de sacrificios de animales (hogueras de huesos). Se creía que los fuegos disuadían a los *aos sí* de volver a la Tierra.

Otro medio para ahuyentar a los antepasados indeseados era el uso de disfraces. Muchas hadas estaban en la Tierra durante Samhain para vengarse de los humanos que les habían hecho daño. La gente se disfrazaba de animales o monstruos para engañarlas. Niños y adultos llevaban máscaras y disfraces de espíritus aterradores. Las pieles de animales, incluidos el cráneo y las orejas, también se limpiaban y se llevaban puestas. Esta protección impedía que los espíritus capturaran a los humanos y se los llevaran al Otro Mundo.

Farol de nabos

Los faroles de nabo o remolacha se utilizaban para ahuyentar a los espíritus que guardaban rencor a los vivos. Se tallaban rostros aterradores en los tubérculos y se colocaban velas dentro de los nabos o remolachas huecos. La gente los llevaba de casa en casa o a las actividades de la fiesta. En casa, se colocaban en las ventanas. Se creía que las linternas con caras terroríficas asustaban a las hadas y a los espíritus para que no hicieran daño a los habitantes de la casa.

Los pueblos antiguos creían que los rituales practicados durante el festival de Samhain los ayudarían a atravesar la próxima estación de oscuridad. Un lugar importante para encender hogueras durante Samhain era la colina de Tlachtga. Investigaciones actuales apoyan que este lugar, a unas trece millas de la colina de Tara, donde vivían los reyes supremos, era utilizado por los druidas para encender las hogueras comunales para celebrar el año nuevo.

En la víspera de Samhain, se encendían hogueras en Tlachtga como preludio de los acontecimientos que seguían en Tara. El Samhain era una fiesta importante para los celtas, ya que garantizaba a la comunidad que los días de luz volverían de nuevo.

Capítulo 8: Cuentos populares botánicos

Desde el fuego de Samhain hasta el tejo mágico que podía destruir a Abhartach, los cuentos que tienen su base en la naturaleza forman la agrupación de cuentos populares botánicos. Las criaturas que viven en los bosques proporcionan historias y leyendas fantásticas. Su visión de la vida refleja la imprevisibilidad de lo cotidiano.

Los bosques encantados llenos de espíritus y fantasmas exploran las conexiones entre los seres humanos y la naturaleza. Estas historias han sido compartidas durante generaciones, proporcionando una experiencia común compartida. Las hadas y otras criaturas de los bosques han protagonizado aventuras espeluznantes y asombrosas.

Estos cuentos no suelen clasificarse en los ciclos mitológico, del Ulster, feniano o histórico de la mitología irlandesa. Los cuentos populares botánicos pretenden deleitar y transportar a los oyentes y lectores a otro mundo. Estos cuentos son tan caprichosos e imprevisibles como la propia naturaleza. Algunos ofrecen sugerencias para controlar la energía de la naturaleza. Otras hablan de cómo mantener buenas relaciones con los habitantes del bosque. Las hadas y otras criaturas recuerdan a los oyentes que deben respetar y proteger las tierras de nuestros antepasados.

Uno de estos cuentos es «La niebla verde». La gente creía que los *bogles*, un travieso grupo de duendes sobrenaturales, vivían entre ellos. Los *bogles* vivían principalmente en el interior como hadas domésticas, y los humanos que residían con ellos seguían rituales para apaciguar a los *bogles* y mantenerlos contentos. Si se producía algún cambio en el hogar de un *bogle* que este no aprobara, su amabilidad desaparecía en un instante.

Durante el invierno, los *bogles* tenían más tiempo para hacer travesuras. Antes de acostarse, la gente llevaba una linterna por la casa y cantaba palabras para contentar a los *bogles*. Se cantaban canciones de cuna para que los *bogles* permanecieran en sus rincones de las casas y los campos. Los *bogles* siempre estaban atentos y escuchaban a las familias con las que compartían su hogar.

Érase una vez una familia que tenía una niña que había enfermado durante el invierno. La niña anhelaba la niebla verde, que era el nuevo crecimiento de la primavera. Ella y su familia creían que recuperaría la salud cuando volvieran el sol y el verdor. Día tras día, se debilitaba hasta que necesitaban llevarla en brazos. Pero seguía celebrando el ritual de los *bogles* para dar la bienvenida a la primavera. Su madre la llevaba hasta la puerta y le permitía desmenuzar el pan y la sal necesarios para anunciar la llegada de la primavera.

Todos los habitantes del pueblo, incluida la niña y su familia, esperaban ansiosos el estallido de las semillas y las hierbas para crear la niebla verde. En la niebla verde, los *bogles*, si se aplacaban, hacían su magia para que comenzara la nueva estación de crecimiento. Sin embargo, el invierno se alargaba y el estado de la niña empeoraba. Disminuía la esperanza de que viviera para experimentar los poderes reconstituyentes de la primavera.

La niña le dijo a su madre que quería vivir para poder ver cómo los prímulas salían de su letargo invernal. Desesperada, dijo que estaría dispuesta a vivir tanto como las campánulas. Cuando se marchitaran, ella también lo haría. El pánico se apoderó de su madre, que sabía que los *bogles* siempre estaban escuchando.

La niña recuperó la salud mientras las hierbas brotaban y crecían. Todos estaban agradecidos, pero su madre seguía preocupada. Su hija se encariñó tanto con las flores que prohibió que nadie las tocara.

Como suele ocurrir en primavera, floreció el amor. La niña y su admirador pasaban horas el uno con el otro. Una tarde, la muchacha se fue a dormir en compañía de su pretendiente y, al despertarse, se encontró con una corona de flores de prímula. Aterrorizada, lloró y corrió a su habitación, encerrándose en ella.

Su familia y su admirador intentaron entrar a su habitación. Derribaron la puerta y la encontraron inconsciente. Tenía las flores marchitas en las manos. Esa misma noche murió. Al parecer, los *bogles* habían escuchado su promesa.

A Betty Stogs le fue mejor con las hadas, que aparecieron para ayudarla en el cuento de «Betty Stogs y las hadas». Para recapitular lo que es un hada, la mayoría de los relatos creen que los *aos sí*, que engloban a las hadas, son descendientes de los Tuatha Dé Danann. Esta raza sobrenatural fue conducida a la clandestinidad cuando llegaron los celtas. Trasladados al Otro Mundo, los *aos sí* viven en túmulos de hadas. De este grupo original han surgido muchas variantes de personitas o hadas, todas con poderes mágicos.

Aunque no son visibles para el ojo humano, el trabajo de las hadas es evidente. Regresan a este reino para vengar los males que creen que han cometido los humanos. Por eso Betty Stogs se encontró con hadas y *pixies*, otro tipo de hada.

Ilustración de *pixies*

Betty era conocida por su pereza y llevaba una vida que muchos apreciarían. Estaba casada con un marido que la admiraba, vivía en una cabaña en los páramos y tenía un bebé recién nacido. Betty era realmente una joven afortunada. Sin embargo, no supo apreciar los dones de su vida. No cuidó de su bebé ni de su casa.

El gato que Betty tenía como mascota fue más madre para el bebé que ella misma. El gato compartía su comida con el bebé y lo mantenía caliente. El bebé estaba sucio por la falta de cuidados de Betty, que veía la suciedad como una forma de mantenerlo caliente.

Mientras su marido trabajaba en las minas, Betty dejaba al gato al cuidado del bebé mientras ella visitaba la taberna local. Al volver una noche después de beber, Betty encontró su casa vacía. El gato y el bebé no aparecían por ninguna parte. Desesperada, Betty buscó al bebé sin éxito.

Más tarde, su marido volvió del trabajo. Estaba indignado con Betty y su comportamiento. Pidieron ayuda a los vecinos y buscaron al bebé toda la noche sin éxito. Al amanecer, Betty se fijó en su gato y lo siguió. El gato condujo a Betty hasta su bebé, que estaba tumbado felizmente en la hierba. Betty se sorprendió al ver al bebé tan limpio y se lo llevó a casa.

Los ancianos de la aldea comprendieron lo que le había ocurrido al bebé. Sabían que las hadas habían visto lo mal que lo cuidaba Betty. Así que las hadas se llevaron al bebé. Durante toda la noche, limpiaron al bebé con jabones, hierbas y flores. Aún no habían terminado cuando salió el sol, pero tuvieron que volver a sus montículos bajo la tierra. Las hadas volverían para terminar su trabajo. Cuando hubieran terminado de limpiar al bebé, se lo llevarían a su casa.

Betty aprendió la lección. Sabía que, si no cuidaba bien a su hijo, las hadas volverían. Era una advertencia para todas las madres. Si una no cuidaba a su hijo, las hadas o duendes se llevaban a los bebés. Los bebés que eran alejados de sus hogares se criaban como hadas.

Los *leprechauns* son otra fuerza mágica relacionada con los bosques y las fuerzas naturales. Las ollas de oro, las «personitas» y el arco iris se asocian a menudo con los duendes. Se cree que la tremenda riqueza de los duendes —las ollas de oro— fue una idea de la antigüedad. Durante las guerras e invasiones de los vikingos, los irlandeses escondieron oro por todo el país. Los *leprechauns*, una de las ramas de las hadas, surgieron de la derrota de los Tuatha Dé Danann. Cuando los duendes descubrieron el oro enterrado, lo declararon suyo.

Se cree que *Luchorpán* («cuerpo pequeño») es el origen del término «*leprechaun*». Como los *leprechauns* vivían en los túmulos de hadas con otros de los Tuatha Dé Danann, su tamaño les permitía residir bajo tierra. Los *leprechauns* suelen encontrarse con humanos en los cuentos. Durante estos encuentros, *leprechauns* y humanos intentan a menudo ser más astutos que el otro.

Dibujo de un *leprechaun*
Jean-noël Lafargue (Jean-no) Licencia de arte libre 1.3;
https://en.wikipedia.org/wiki/File:Leprechaun_ill_artlibre_jnl.png

«Tom Fitzpatrick y el duende» muestra a un duende y a un humano que intentan ser más listos que el otro para hacerse con una legendaria olla de oro. Durante la cosecha, Tom paseaba por los campos de *boliaun* (ambrosía). Al acercarse al seto, creyó ver un pequeño cántaro de licor. Para su sorpresa, junto al cántaro había un *leprechaun*.

Por supuesto, Tom había oído historias de *leprechaun*, pero nunca se había encontrado con uno. Entusiasmado por su buena suerte, Tom cogió al *leprechaun* y exigió que le llevara al oro. Si el *leprechaun* se negaba, Tom lo amenazó con matarlo. Aterrorizado, el *leprechaun* accedió.

El *leprechaun* prometió a Tom que el oro estaba a solo unos campos de distancia. Atravesando setos, zanjas y arroyos, Tom se aferró firmemente al *leprechaun* con la mano. Cuando llegaron a un enorme campo de *boliaun,* el duende señaló una planta. Le dijo a Tom que cavara debajo del *boliaun*. Una vez que cavara debajo de la planta, encontraría su olla de oro.

Tom estaba ansioso por empezar a cavar, pero se dio cuenta de que no tenía pala. Para marcar el *leprechaun* que contenía el oro prometido, Tom ató su liguero rojo a la planta. Antes de volver corriendo a casa, le hizo prometer al *leprechaun* que no quitaría el liguero. El *leprechaun* aceptó encantado.

Para sorpresa de Tom, cuando volvió al campo, cada *boliaun* tenía un liguero rojo atada a él. Tom ni siquiera intentó averiguar qué planta tenía el oro. Tal vez si Tom no se hubiera dado por vencido tan apresuradamente, habría encontrado oro debajo de cada planta. El *leprechaun* embaucador venció al humano y conservó el control de la tierra y los campos.

Escabullirse de Tom fue fácil para el *leprechaun*. Los túmulos de las hadas estaban repartidos por toda Irlanda (algunos creen que todavía lo están). Estos montículos eran moradas de bienvenida para todo tipo de hadas que se entrometían en los límites que separan el mundo humano del Otro Mundo.

Sus moradas estaban conectadas por una serie de caminos. Una red de senderos atravesaba toda Irlanda. Además de proporcionar acceso a sus hogares, los senderos de las hadas eran también conductos de misteriosos sucesos. Las hadas advertían a los mortales de las fronteras entre los dos mundos. Se informaba a la gente de que ocurrirían sucesos insólitos.

Un granjero del condado de Kerry aprendió por las malas las consecuencias de interferir con el pueblo de las hadas o *sidhe*. La casa en la que vivían él y su esposa estaba en condiciones deplorables. El tejado de paja no les protegería de otro invierno de viento, lluvia y nieve. Sabían que necesitaban construir una nueva cabaña.

La pareja buscó un terreno adecuado. Tras encontrar un buen lugar, el granjero pidió ayuda a sus vecinos. Juntos, la comunidad construyó una nueva casa para el granjero y su mujer. Mientras terminaban el proyecto, pasó por allí un anciano. Se detuvo y observó la nueva casa. Al alejarse, el hombre afirmó que nadie podría dormir tranquilo en aquella casa.

Sin saberlo, el granjero y su esposa se mudaron a su nueva casa. Agotados por el duro trabajo, la pareja se metió en la cama, lista para un sueño reparador. Justo después de medianoche, la cocina emitía un fuerte ruido metálico. El granjero se apresuró a buscar el origen del ruido y esperó ver objetos de los armarios esparcidos por el suelo.

Sin embargo, la cocina estaba organizada y ordenada. Dos veces más esa noche, la pareja fue despertada de su sueño por un estridente alboroto. La segunda noche en su nuevo hogar, el granjero se acostó vestido, dispuesto a saltar de la cama para atrapar a los ruidosos. Cuando se produjo la conmoción, buscó en su casa el origen de los sonidos.

Sin saber qué hacer a continuación, su mujer visitó al párroco local. El sacerdote visitó y bendijo la casa. Esperanzada, la pareja se fue a la cama esa noche, pero no hubo ningún cambio. Volvieron a sufrir una noche de sueño interrumpido por los golpes y el estruendo. Este patrón continuó noche tras noche.

Un día, mientras el granjero estaba en la ciudad para vender ganado, visitó el bar local para tomar una pinta. Mientras bebía su cerveza, el granjero se fijó en el anciano que había hecho el extraño comentario sobre su casa. El anciano se marchó de repente y el granjero salió corriendo tras él. Cuando el granjero lo alcanzó, el anciano observó lo cansado que parecía el granjero. Los dos volvieron y compartieron una pinta mientras el granjero contaba su historia.

El anciano accedió a acompañar al granjero a su casa para ver si podía discernir el problema. Al verla, el anciano recordó inmediatamente su anterior preocupación. La casa había sido construida en un camino de hadas. Todas las noches, las hadas intentaban acceder a su camino. Sin embargo, cada noche, las hadas chocaban con la casa que actuaba como un muro en su camino.

Sin saberlo, el granjero había construido su casa entre dos espinos. Afortunadamente, había una solución. El anciano explicó al granjero que tenía que mantener abiertas las puertas delantera y trasera de la casa cada noche. Así se eliminaban los obstáculos en el camino de las hadas. El granjero estuvo más que dispuesto a probar el remedio y mantuvo las puertas abiertas. Las hadas no volvieron a despertarlo.

El espino, también conocido como árbol de las hadas, era un lugar de encuentro sagrado para las hadas. Se cree que cortar un espino da muy mala suerte. Por el contrario, se cree que tener un árbol de las hadas en la propiedad produce prosperidad.

Hasta el día de hoy, se pueden ver espinos salpicando el paisaje irlandés. Las leyendas hablan de retrasos de un año en la construcción de carreteras debido a un espino en el camino. Respetar a los *sidhe* es importante en Irlanda. Dejar una ruta para que las hadas viajen al Otro Mundo mantiene las conexiones ancestrales para que los antepasados puedan seguir guiando a su familia viva.

Las hadas no solo tienen árboles protegidos y mágicos, sino también hierba de las hadas o hierba hambrienta. Originaria de Hungry Hill (traducción literal: colina Hambrienta), la hierba hambrienta también se llama *féar gortach* en irlandés. La primera persona conocida que accedió a Hungry Hill desapareció. La desaparición de la persona creó miedo en los demás, y muchos se negaron a pasar por la colina.

Hungry Hill tiene vistas al océano, lo que la convierte en un lugar precioso. Un día, un joven pescador recién llegado a Irlanda decidió que quería pescar en el océano adyacente a Hungry Hill. Olvidó desayunar antes de salir de casa y, mientras caminaba hacia el océano, sintió hambre. Decidió que comería algo de su almuerzo mientras subía la colina.

La gente de los alrededores se fijó en el joven pescador. Conocedores de los peligros de la colina, los lugareños gritaron al joven que se bajara. El pescador hizo caso omiso de sus gritos. Mientras el hombre seguía subiendo la colina, la hierba empezó a envolverlo. Sin darse cuenta del peligro, el hombre siguió comiendo mientras caminaba. Con cada bocado de su comida, la serpenteante hierba se desenrollaba del hombre.

Cuando el hombre llegó a la orilla, se encontró con unos pescadores que venían de la otra dirección. El joven contó la historia de la ascensión a la colina. Los demás se asombraron y compartieron con él los peligros y muertes que causaba Hungry Hill. Todos supusieron que comer sobre la hierba debía de haber protegido al joven.

Enojadas porque el mortal había subido a la colina, las hadas empezaron a plantar más parches de hierba hambrienta por toda Irlanda. Las hadas eligieron lugares donde los humanos las habían menospreciado u ofendido. Para combatir los efectos de la hierba, la gente siempre llevaba comida consigo. La comida se comía mientras se caminaba por la hierba, aunque algunas personas dejaban ofrendas de comida a las hadas.

Algunas personas creen que los seres del Otro Mundo siguen viajando entre ambos mundos. Para mantener abiertos los pasadizos, los mortales deben seguir las expectativas de las hadas o sufrir las consecuencias.

TERCERA PARTE:
Mitos escoceses y galeses

Capítulo 9: Cailleach

La mitología celta engloba las historias y creencias de las antiguas tribus celtas. Estos pueblos vivían principalmente en las zonas de las actuales Irlanda, Escocia, Gales, Inglaterra y partes de Francia y España. Narraciones llenas de criaturas fantásticas, dioses, héroes y villanos enmarcaban el complejo sistema de creencias de los celtas. Los relatos perdurables de los antiguos nos influyen y entretienen hoy en día.

El folclore y los cuentos escoceses conectan a los lectores y oyentes de hoy con sus antepasados. Un país lleno de paisajes variados y distintivos, las historias del pasado ayudan a explicar cómo se formaron los espectaculares terrenos de Escocia. Las escarpadas montañas y los mágicos lagos de Escocia siguen encantando a visitantes y residentes, y sus historias son tan místicas como sus paisajes.

Cailleach es una diosa celta a la que se atribuye la formación de gran parte de la topografía escocesa. Cailleach, una de las diosas madre, representa muchos símbolos maternales. En la mitología escocesa, se la considera la creadora de todos los dioses y diosas.

Considerada la más antigua de todos los dioses y diosas, Cailleach, o la «Vieja de Béara», es más vieja que el ser humano más viejo, Fintan el Sabio. Para escapar del diluvio universal, Fintan se refugió en la actual Irlanda con la nieta de Noé, Cessair. Fintan esperaba una tierra estéril, pero se sorprendió al encontrarla ocupada por Cailleach.

Dado que Cailleach tiene numerosas responsabilidades, se la conoce con diversos nombres. Se la conoce como la Reina del Invierno o la Velada. También se la conoce como la Bruja de Béara (Cailleach significa «bruja»). Es difícil discernir la raíz de su nombre, pero la mayoría coincide en que procede de *caille*, que significa velo, y *caillech*, que significa velada. A menudo se representa a Cailleach como una vieja bruja con velo.

También hay versiones regionales de su nombre. Los escoceses la llaman Carline, Beira, Cailleach Bheur y, burlonamente, «Gentle Annie» (Annie la Gentil). Otras variantes de su nombre son la Doncella del Maíz y «la que controla los vientos de invierno». Independientemente de su nombre, había cuatro áreas clave que ella comandaba. El campo de acción de Cailleach era muy amplio, yendo de la creación a la destrucción. Ella era la fuente del cambio estacional al invierno cada año. En todas las regiones celtas, Cailleach era considerada protectora de los animales, especialmente de los lobos. En Escocia, a menudo se la veía como pastora de ciervos.

Sus intenciones eran tan amplias como el control que ejercía. Cailleach podía ser dañina para los que se cruzaban en su camino, pero también trabajaba para garantizar que la cosecha de cereales fuera suficiente para el largo y frío invierno.

Cailleach suele aparecer como una anciana con velo. A menudo se la representa con un ojo utilizable o con un solo ojo en medio de la frente. Sea cual sea su representación, su vista se considera extraordinaria. Bajo el velo se ve una larga cabellera blanca. El tono de su piel, pálido o azul oscuro, se complementa con una boca llena de dientes de color rojo óxido.

Como muchas otras deidades celtas, es gigantesca, en proporción a sus habilidades y poderes. Retratada como una vieja bruja, Cailleach nunca envejece. Su vestimenta es de color gris apagado y suele ir envuelta en un chal. A menudo se la ve sosteniendo o utilizando un bastón o un *shillelagh*.

Tradicionalmente, los *shillelaghs* se formaban con espinos negros sagrados. Sus largas y afiladas espinas herían con facilidad a cualquiera que se acercara a los árboles. Supuestamente, las brujas utilizaban las oscuras púas para apuñalar a quienes querían someter a sus hechizos. Las espinas provocaban un profundo letargo a quienes se pinchaban. Se cree que estos árboles se utilizaron en la corona de espinas que llevaba Jesús.

Estas connotaciones ominosas relacionan los espinos negros y sus púas con la oscuridad del invierno. La diosa del invierno, Cailleach, golpea su espino negro para dar comienzo al invierno. Los inviernos muy oscuros y fríos se denominan inviernos de espino negro.

Muchos mitos celtas contienen dioses y diosas de tres, dos o más caras. A menudo se piensa que Cailleach es una diosa de dos caras, ya que se cree que ella y Brigid son dos caras de la misma diosa. Una comienza su reinado en el festival de Samhain, y la otra inicia su control en el festival de Imbolc.

Sin embargo, no todos los relatos consideran a las dos diosas como dos caras de la misma deidad. Se habla de batallas entre Cailleach y Brigid. No obstante, ambas ideas describen cómo las estaciones cambian de la oscuridad a la claridad; algunos solo lo veían como una transición pacífica, mientras que otros lo consideraban más violento.

Una historia que describe la transformación de las estaciones ocurre en Escocia. Durante Samhain, Cailleach coge su tela escocesa, que es una bufanda de lana que se lleva en las Tierras Altas escocesas, y la lava. Como es de proporciones gigantescas, necesita mucha agua y esfuerzo. Para lavarla, Cailleach utiliza el remolino de Corryvreckan, situado entre las islas de Scarba y Jura, frente a la costa oeste de Escocia.

El remolino de Corryvreckan

Walter Baxter / El remolino de Corryvreckan;
https://commons.wikimedia.org/wiki/File:The_Corryvreckan_Whirlpool_-_geograph-2404815-by-Walter-Baxter.jpg

Utilizando sus increíbles poderes, Cailleach lava su plaid durante tres días enteros. Debido a la turbulencia de las aguas y a la intensidad de Cailleach, el estampado de tartán verde y azul del plaid se lava por completo. Una vez limpio, lo pone a secar. Como ahora es de un blanco puro, el plaid cubre la tierra con la primera nevada.

Una versión muy difundida en Escocia sobre cómo se produce el invierno incluye a Cailleach y a Brigid, que es la personificación de la primavera. En este cuento, Brigid es encarcelada en una cueva por Cailleach. Como Brigid está atrapada bajo tierra, no puede difundir su calor y su luz en la Tierra. Cailleach mantiene el control del mundo, propagando el frío, la oscuridad y las tormentas invernales de nieve y hielo.

En estos mitos escoceses, el poder entre las dos diosas se transfiere anualmente. Cailleach gobierna después de Samhain. En el solsticio de invierno, el día más corto del año, el poder de Cailleach empieza a flaquear. Sus súbditos, cansados de los largos y oscuros días, comienzan a rebelarse. En su lucha por mantener el control, Cailleach crea las tormentas de enero y febrero, llamadas *A'Chailleach*.

Se da cuenta de que está perdiendo su poder y busca fuerzas en el Pozo de la Juventud. Cuando Cailleach bebe sus aguas especiales, rejuvenece gradualmente. Son los días más suaves del invierno, señal inequívoca de que se acerca la primavera.

Otra versión de la transición de las estaciones implica a Cailleach, Brigid, y Angus, que es uno de los muchos hijos de Cailleach. Esta rapta a Brigid la noche de Samhain. Para asegurarse de que Brigid no interfiera en el gobierno de Cailleach como diosa del invierno, la confina bajo Ben Nevis, la montaña más alta de Escocia.

Ben Nevis

Graham Lewis, CC BY 2.0 <https://creativecommons.org/licenses/by/2.0>, vía Wikimedia Commons; https://commons.wikimedia.org/wiki/File:Ben_Cruachan_-_Flickr_-_Graham_Grinner_Lewis.jpg

En un sueño, Angus tiene una visión de la bella Brigid, pero no sabe dónde está encarcelada. Pide consejo al rey sobre lo que debe hacer. El rey le aconseja que vaya a Escocia y encuentre a su amada Brigid. En la víspera de Imbolc, Angus llega hasta Brigid e intenta liberarla. Cailleach y Angus luchan por el control, que los mortales experimentan como el tiempo turbulento de febrero y marzo.

Las flores de principios de primavera crecen cuando Angus y Brigid empiezan a ganar la batalla contra Cailleach. Una bruja vieja y cansada, su poder sigue disminuyendo hasta que se convierte en piedra. Cailleach descansará como una piedra hasta Samhain, cuando capturará de nuevo a Brigid. Cailleach volverá a aprisionarla y reclamará su lugar como diosa del invierno.

Otras versiones del mito intentaban tranquilizar a los celtas sobre cómo y por qué cambiaban las estaciones. En una historia que aclara el paso del invierno al verano, Cailleach se transforma en cuervo. Como cuervo, recoge leña. Si recoge leña suficiente para encender un gran fuego, transforma el día en un día soleado y hermoso. Cuando esto ocurre, el invierno dura más. Sin embargo, si no consigue encender una hoguera o se queda dormida, el día seguirá siendo oscuro y triste. En ese caso, el invierno terminará antes. Una tradición similar continúa hoy en día con el Día de la Marmota, que se celebra en Canadá y Estados Unidos.

Otra variación sobre lo largo que será el invierno depende de una batalla entre Cailleach y una de sus hermanas. Hacia el final de cada invierno, la hermana de Cailleach acude a sus tierras para luchar. Como el invierno siempre termina, la hermana de Cailleach siempre gana. Sin embargo, la duración de la lucha determina la duración del invierno. Cuanto más larga sea la batalla, más días de invierno habrá. Una vez que Cailleach pierde, vaga por el campo para recuperar fuerzas. Al final del verano, las hermanas vuelven a luchar. Esta vez, Cailleach siempre gana.

Ilustración de Cailleach
Internet Archive Book Images, Sin restricciones, vía Wikimedia Commons;
https://commons.wikimedia.org/wiki/File:Wonder_tales_from_Scottish_myth_and_legend_(1917)_(14566397697).jpg

Además de defender el invierno, el Cailleach protege y vigila a los animales. Su aparición asusta a los animales cada invierno. Están tan aterrorizados que se esconden de su horrible rostro. Al asustarlos y hacerlos hibernar, Cailleach les salva la vida, ya que no sobrevivirían al frío invierno.

Su buena voluntad hacia los animales se manifiesta en su protección de los ciervos. Como no hibernan en invierno, Cailleach utiliza su bastón para ayudarlos. Mientras viaja por Escocia, atraviesa la nieve y el hielo con su *shillelagh*. De este modo, los ciervos tienen acceso a alimentos que les permiten sobrevivir al invierno.

Cailleach también influye en el invierno como diosa del grano. Para que la gente sobreviviera al frío y estéril invierno, era imprescindible una abundante cosecha de grano. La última vaina de grano que se segaba se ofrecía a Cailleach con la esperanza de que la siembra de primavera fuera un éxito. Esa misma vaina de grano contenía las primeras semillas que se sembraban en la siguiente temporada de siembra.

Cada año, durante la cosecha, el primer agricultor que terminaba su tarea hacía una muñeca con su última gavilla de maíz. En la Escocia de aquella época, el maíz es lo que hoy llamamos trigo. La muñeca de maíz se llamaba Carline. De este modo, los campesinos y aldeanos mostraban su admiración y culto a Cailleach con la creación de Carline.

Las características de Carline variaban en función del éxito o la decepción de la cosecha. En años de buena cosecha, la muñeca del maíz se diseñaba con aspecto de doncella. Las cosechas menos exitosas se mostraban a través de la creación de Carline como una bruja.

Carline era arrojada al campo del último agricultor en completar la cosecha. Era responsabilidad del último agricultor cuidar de la muñeca de maíz, que representaba a Cailleach. Durante todo el invierno, ese granjero y su familia tenían que alimentar y dar cobijo a la bruja del invierno. Su naturaleza errática hacía de esta una responsabilidad que nadie deseaba. Su lugar en la casa estaba junto al hogar, donde permanecía hasta la primavera.

El primer día de la temporada de siembra, Carline era sacada de casa. La plantaban con las primeras semillas o la daban de comer a los caballos que araban los campos. Así se bendecía la temporada de siembra y se ponía fin al control de Cailleach sobre la casa y la estación invernal.

La leyenda afirma que Cailleach utilizó su *shillelagh* y/o su martillo para crear y destruir Escocia. Muchos atribuyen a Cailleach la formación de gran parte de la belleza natural de Escocia, lo que la convierte en una de los dioses celtas modeladores de la tierra. Junto con ocho brujas que la ayudaban, Cailleach utilizó su *shillelagh* para crear los lagos, montañas, valles y ríos. Una de las brujas o doncellas más conocidas es Nessa, famosa en el lago Ness. Cuando Nessa no cumplió con sus obligaciones,

Cailleach convirtió a Nessa en la masa de agua que ahora se llama Loch Ness (lago Ness).

En algunos cuentos, las brujas son en realidad las hermanas de Cailleach. Todas vivían juntas en el centro de la Tierra. Cuando empezaron a cavar su camino hacia la superficie, empezaron a recoger muchas rocas y piedras, los cuales metían en sacos que llevaban consigo. Finalmente, se adentraron en las aguas del océano. Las ocho hermanas tomaron caminos separados. Cuando Cailleach necesitó descansar, dejó su saco en el suelo. Las rocas se soltaron y dieron forma a la Escocia de hoy.

Cailleach desempeñó un papel destacado en la explicación de los antiguos de por qué las tierras de Escocia tenían la forma que tenían. Hay muchas historias y accidentes geográficos relacionados con Cailleach. A menudo se la representa atravesando Escocia a grandes zancadas, dejando caer piedras, ya sea a propósito o accidentalmente, desde su delantal o *creel* (una cesta de mimbre). Las islas y colinas de Escocia surgieron de estas piedras. Cailleach formó algunas montañas para ayudarla en sus viajes.

Una cadena de islas que se atribuye a Cailleach son las Hébridas Interiores. Se formaron cuando Cailleach soltó trozos de turba y rocas que había traído del centro de la tierra. Creó esta cadena de setenta y nueve islas en el océano Atlántico, frente a la costa de Escocia. Otra isla que formó Cailleach fue Ailsa Craig. Un pescador navegó bajo Cailleach y su vela la tocó. Se sobresaltó tanto que dejó caer la gran piedra que llevaba en las manos. Esta roca es la isla de Ailsa Craig.

Otro punto de referencia aún visible hoy en día que supuestamente fue creado por Cailleach es el *Sgrìob na Calliach*. Situado en la isla de Skye, *Beinn na Caillich* (colinas Rojas) es una cadena montañosa de Escocia que Cailleach frecuentaba. Desde este lugar, infligía a la zona sus devastadoras tormentas invernales. También excavaba piedras y rocas en este lugar. Mientras Cailleach recogía piedras, perdió el control y resbaló. El sendero *Sgrìob na Calliach* significa el surco o la frente arrugada de Cailleach.

Imagen de Loch Awe

Las numerosas tareas y responsabilidades de Cailleach a menudo la agotaban. Un día, estaba trabajando en la cima del Ben Krachan, uno de los picos más altos de Escocia. Después de utilizar el pozo para sacar agua, tuvo que cambiar la tapa, una pesada losa de piedra. Si la losa no se sustituía al atardecer, el agua del pozo se desbordaba. Una vez que comenzaba a desbordarse, no podía detenerse y el mundo se inundaba.

Cailleach quitó la tapa del pozo para coger agua. Se sentó junto a la losa de piedra para descansar unos minutos. Sin embargo, estaba muy cansada y cayó en un profundo sueño. Cuando se puso el sol, el agua brotó del pozo. Fuertes corrientes de agua descendieron por la ladera de la montaña. El estruendo de las cascadas despertó a Cailleach. Inmediatamente, volvió a tapar el pozo e impidió que el mundo se inundara. Aunque se apresuró a detener el flujo de agua, esta siguió inundando el valle de Tempe. Hoy, esa tierra se llama Loch Awe.

Con sus múltiples papeles y sus vastas habilidades, Cailleach aparece en muchos cuentos. Su capacidad para transformarse de vieja bruja en joven doncella hace que muchos la juzguen mal a ella y a su poder. Cailleach no es una anciana frágil; como dos caras de la misma diosa, se transforma rápidamente en una hermosa diosa joven cada primavera. Cada año trae la renovación de la vida. Su historia y su legado siguen formando parte de Escocia y de su historia.

Capítulo 10: Un monstruo en el lago Ness

Al igual que muchas culturas, los pueblos antiguos contaban historias sobre cómo se formaron sus mundos. La belleza mítica y la historia de Escocia se comparten a través de su folclore. Muchos de los relatos se basaban en la topografía de la tierra, explicando cómo surgieron las montañas, los ríos y los lagos. Además, el mar y la costa son protagonistas destacados de la cultura y los rituales escoceses.

Al igual que otros mitos celtas, los cuentos originarios de Escocia, concretamente de las Hébridas, se basaban en historias sobre océanos, mares y otras vías fluviales. Los personajes de los cuentos solían ser seres acuáticos, como monstruos marinos, espíritus del agua y sirenas. A menudo, las hazañas de estas criaturas advertían a la gente sobre los poderes de los mares y explicaban el origen de las tormentas.

Las historias procedían de los marineros, ya que algunos supuestamente encontraron la muerte a causa de monstruos marinos que controlaban y vagaban por las aguas. Los marineros supervivientes contaban historias de serpientes gigantescas que habían encontrado en el océano. Las serpientes tenían cabezas enormes, ojos de más de treinta centímetros y dientes increíblemente largos y afilados que sobresalían de sus bocas. Podían tener jorobas en la espalda y brazos largos. Los monstruos marinos eran la némesis de los primeros navegantes debido a su poder y enorme tamaño.

Situadas frente a la costa occidental de Escocia, las Hébridas Interiores y Exteriores desempeñaron un importante papel en la creación y conservación de los cuentos escoceses. Las Hébridas son un conjunto de más de cuarenta islas, pero hay innumerables atolones deshabitados entretejidos por toda la cadena insular. Como las islas están aisladas, los primeros pueblos de las Hébridas no sufrieron tanto el impacto de las oleadas de conquistadores como otras partes del mundo celta. Así, normandos, romanos y otros no influyeron en las leyendas que cuentan los habitantes de las Hébridas.

Durante muchos años se han avistado criaturas marinas en las costas de las Hébridas. A finales del siglo XIX, se informó de múltiples avistamientos de un monstruo marino frente a las costas de Lewis, una de las islas Hébridas. Un grupo de marineros alemanes dijo haber visto una serpiente marina con numerosas protuberancias en la espalda. Los del barco sugirieron que la serpiente medía más de cuarenta metros de largo.

Se han visto otros monstruos acuáticos en la misma zona. Se dice que Searrach Uisge vive en Loch Suainbhal. La gente lleva siglos diciendo haber visto a esta criatura. Los detalles sobre Searrach Uisge comparan a la criatura con el tamaño de un barco volcado. Otros dicen que mide unos doce metros y tiene rasgos similares a los de una anguila. Las leyendas cuentan que todos los años se ofrecen corderos en sacrificio a Searrach Uisge.

Loch Morar
John Haynes / Sron Ghaothar en Loch Morar;
https://commons.wikimedia.org/wiki/File:Sron_Ghaothar_on_Loch_Morar_-_geograph.org.uk_-_190066.jpg

En las Tierras Altas de Escocia, los lugareños cuentan historias de Morag. Habitante de Loch Morar, Morag ha sido vista por muchos testigos, a menudo al mismo tiempo. En una ocasión, nueve personas vieron la misma serpiente marina en Loch Morar. En los años sesenta, dos hombres en una barca se toparon literalmente con Morag. Ella se defendió atacándolos. Los hombres se defendieron y Morag se escabulló a las profundidades de Loch Morar.

En el siglo XIX, sus apariciones solían coincidir con la muerte inminente de algún habitante de la zona. Cuando un residente de Morar moría o cuando uno de los clanes escoceses sufría en batalla, Morag sentía un gran dolor. Se la oía llorar de tristeza. Se la considera mitad mujer y mitad criatura marina. Las imágenes más recientes de Morag la describen con dos o tres jorobas en la espalda. Se cree que mide unos nueve metros de largo y tiene una piel marrón llena de bultos. Su cabeza mide más de treinta centímetros de ancho.

De todos los monstruos marinos de Escocia, el más famoso es el monstruo del lago Ness o Nessie. Se atribuye a Cailleach, o diosa del invierno que dio forma a gran parte del paisaje natural de Escocia, la formación del lago Ness. Cailleach tenía ocho doncellas o brujas que la ayudaban en sus tareas. Reinaba desde la cima del Ben Nevis, donde supervisaba el trabajo de sus doncellas.

Una de las ocho doncellas de Cailleach era Nessa. Cailleach era responsable de los pozos de Inverness, Escocia. Como tenía tantas obligaciones, necesitaba ayuda. Así que asignó a Nessa la tarea de vigilar uno de los pozos más pequeños. La tarea de Nessa consistía en mantener el pozo tapado durante toda la noche. Tenía que asegurarse de que la tapa del pozo se colocaba todos los días al atardecer.

Una noche, cuando Nessa volvía al pozo para taparlo, se quedó dormida o se distrajo. Nessa era conocida por tener la voz más melódica de las doncellas. Su canto era más hermoso que el de los pájaros y las arpas de las hadas. A menudo, divagaba mientras creaba música que se mezclaba armoniosamente con la naturaleza, lo que la distraía de sus tareas cotidianas.

En cualquier caso, Nessa llegó al pozo después de la puesta de sol. Se encontró con una corriente de agua que brotaba del pozo. Sin saber cómo detener el flujo del agua, echó a correr. Nessa sabía que Cailleach se enfadaría con ella. Y desde su posición privilegiada en la cima del Ben Nevis, Cailleach la observaba, enfurecida. Le gritó a Nessa, diciéndole a la doncella que, como no había cumplido con su deber, estaría unida al agua para siempre. Maldecida por Cailleach, Nessa se transfiguró en el río Nessa, que desembocó en el lago Ness y lo formó.

La música de Nessa solo puede escucharse una vez al año. En el aniversario de su transformación de doncella cantora en río y lago, Nessa entona una melodía triste. Atrás quedaron los días de las canciones exultantes, pues ahora Nessa solo conoce la tristeza. Su descuido la llevó a sus problemas, que Nessa comparte con el pueblo a través del canto cuando surge de las aguas. Como ocurre con tantos otros mitos, la gente puede aprender de los errores y desgracias de los protagonistas de las historias.

El primer avistamiento registrado del monstruo del lago Ness data del año 565 de nuestra era. Existen diversas versiones del encuentro entre san Columba y el monstruo del lago Ness. Una de ellas afirma que Columba se encontró con un monstruo que aterrorizaba a un hombre en el río Ness. Según la historia, san Columba fue capaz de calmar la situación y liberar al hombre de las garras de la criatura acuática.

Otra versión cuenta que san Columba visitó Escocia desde Irlanda y se alojó cerca del río Ness. Durante su visita, un residente local le contó la historia de un monstruo que vivía en el lago Ness. Para comprobar la veracidad del relato, Columba envió a uno de sus hombres al lago. Una vez notificado el avistamiento del monstruo, Columba se dirigió a la orilla del agua. Se dice que hizo la señal de la cruz cuando vio al monstruo. Se cree que esto provocó el exilio del monstruo.

En otro relato sobre san Columba y Nessie, Columba viajaba por Escocia. Durante su viaje, tuvo que atravesar el lago Ness. Al llegar a las orillas del lago, se encontró con unos habitantes que enterraban a un vecino. El hombre había muerto por la mordedura de una criatura acuática mientras nadaba en el lago Ness.

Columba se dirigió a su grupo de seguidores y pidió que alguien cruzara a nado el lago. Aunque la travesía a nado estaba llena de peligros y posiblemente de muerte, uno de los devotos de Columba acudió a su llamada. El monje accedió a cruzar a nado el lago y regresar con una barca anclada en el otro extremo de las aguas.

Cuando el hombre empezó a nadar, el monstruo emergió de las oscuras profundidades. En busca de otra víctima, el monstruo se abalanzó sobre el monje. Todos los que estaban en la orilla observaban horrorizados. El monstruo se acercó al monje, dispuesto a atacarlo y matarlo.

Mientras se desarrollaba el incidente, san Columba mantuvo la calma. Comenzó a persignarse. Después de hacerlo, Columba apeló a Dios. Entonces, en nombre de Dios, ordenó al monstruo que se detuviera. Al oír la orden de Columba, el monstruo del lago Ness retrocedió inmediatamente. El monje y todos los que se encontraban a orillas del lago estaban a salvo. Los relatos de la época dicen que el monje se llamaba Lugne Mocumin.

Muchos atribuyen la reticencia de Nessie a su castigo por san Columba. Otros creen que es el propio tamaño del lago Ness lo que hace tan difícil encontrar a Nessie. Toda el agua de los lagos y ríos de Inglaterra y Gales juntos no equivale a la cantidad de agua del lago Ness. Sin embargo, se han producido y se siguen produciendo avistamientos.

A finales de la década de 1930 se construyó una carretera que facilitaba el acceso de los automóviles al lago Ness. Como la carretera permitía a los automovilistas una visión clara del lago, aumentaron los avistamientos de Nessie. Poco después de la finalización de la carretera, los visitantes de la zona contaron haber observado una enorme criatura similar a un dinosaurio u otra criatura prehistórica.

Representación de Nessie en acuarela
Uso comercial gratuito; https://pixabay.com/illustrations/nessi-sea-serpent-watercolor-hole-6030872/

El interés por localizar a Nessie siguió creciendo. En 1933, un periódico pagó a un conocido cazador, Marmaduke Wetherell, para que localizara al monstruo del lago Ness. Supuestamente, el cazador descubrió enormes huellas cerca de la orilla del lago. Por el tamaño de las huellas, se estimó que la criatura medía al menos seis metros. Más tarde se determinó que las huellas eran falsas. No se sabe a ciencia cierta quién estaba detrás de este plan para engañar al público.

El siguiente avistamiento de Nessie se produjo al año siguiente. Se reunió un grupo de investigación de veinte hombres. A cada participante se le pagó por su papel en la expedición. Nueve horas al día durante cinco semanas, los hombres se situaron alrededor del lago. Cada uno tenía unos prismáticos y una cámara para fotografiar las pruebas de la existencia de Nessie. El grupo de búsqueda tomó más de veinte fotografías. Sin embargo, las imágenes no proporcionaron pruebas concluyentes de la existencia del famoso habitante del lago.

La noticia de una fotografía tomada por Robert Wilson despertó el interés de todo el mundo a mediados de la década de 1930. La imagen se publicó en un periódico. Por la imagen, el monstruo del lago Ness tenía los atributos físicos de un reptil extinguido, pues parecía medir más de cuatro metros de largo con un cuello extendido similar al de un plesiosaurio. Sin embargo, décadas más tarde se reveló que la imagen era falsa.

Aun así, a principios de los años 30, se informó de otro encuentro con el monstruo del lago Ness. Arthur Grant iba en moto cuando vio a Nessie. Describió a la criatura con rasgos comparables a los de un plesiosaurio. Cuando la criatura se dirigió hacia el agua, Grant la siguió. Por desgracia, no observó a la criatura entrar en el agua. Sin embargo, se dio cuenta de las ondas que la entrada de la criatura en el agua creado. No existen pruebas concretas que demuestren o refuten el avistamiento de Grant en 1934.

Unos años más tarde, G. E. Taylor, un turista de Natal, Sudáfrica, se encontraba en la zona. Taylor formaba parte del creciente número de viajeros que visitaban Escocia con la esperanza de avistar al escurridizo monstruo del lago Ness. Utilizó película en color de 16 mm para grabar su visita; se cree que este fue el primer intento de obtener una fotografía en color de Nessie. Cuando Taylor creyó tener a Nessie en el punto de mira, la grabó durante tres minutos. Taylor vendió la película y sus imágenes a Maurice Burton, zoólogo y autor científico. Solo se ha utilizado una imagen de la película, ya que Burton la incluyó en un libro titulado *The Elusive Monster* (*El escurridizo monstruo*). Burton afirma que la imagen es de un objeto flotante.

Se cree que Burton devolvió la película a Taylor, y ninguna de sus otras imágenes ha sido vista por nadie. Que se sepa, la película solo se compartió con Burton; nadie más la ha visto nunca. Los que creen que Nessie existe siguen buscando la película, aunque nadie sabe si todavía existe. La película es tan misteriosa como los secretos del lago Ness.

A finales de los años 30 y en los 40, el interés por Nessie y la posibilidad de buscarlo disminuyeron debido a la Segunda Guerra Mundial. La fotografía de Lachlan Stewart en 1951 añadió credibilidad a la existencia de Nessie. Él y un amigo observaron un movimiento significativo en el agua del lago. Stewart llevaba una cámara consigo y pudo obtener imágenes de lo que causaba el movimiento en el agua. Ambos afirmaron haber visto una criatura de tres jorobas que se deslizaba rápidamente por el agua. Tan repentinamente como apareció, la criatura se sumergió en las profundidades.

Hay opiniones encontradas sobre la historia. La hija de Stewart responde por su padre y afirma que él no participaría en un engaño. Su hija también afirma que las fotos eran válidas.

Unos años más tarde, la tripulación de un barco pesquero observó imágenes que podrían haber sido de Nessie. El sonar del *Rival III* detectó un objeto de gran tamaño. El sonar (del inglés SONAR, acrónimo de Sound Navigation And Ranging, «navegación por sonido») emplea ondas sonoras para medir distancias en el agua y detectar movimientos y objetos. La enorme forma seguía al barco a una profundidad de entre 146 y 30 metros del fondo del lago. Durante casi media milla, el objeto siguió el ritmo de la embarcación. Después, como en otros avistamientos, el objeto, que tal vez era Nessie, desapareció de su pantalla.

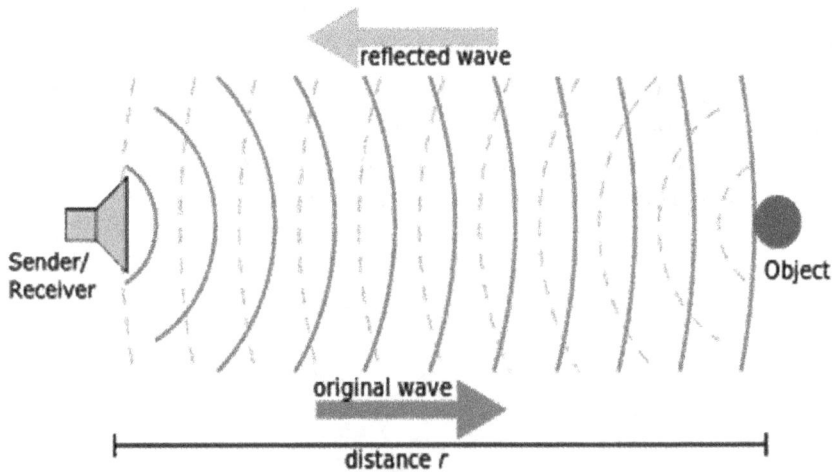

Principio del sonar

En 1967 se llevó a cabo otra búsqueda de Nessie mediante sonar. D. Gordon Tucker, desarrollador de sonares, situó el equipo de su equipo en el lago Ness, buscando respuestas sobre la existencia de Nessie. Su ensayo se llevó a cabo durante dos semanas. El equipo de sonar detectó las ondas sonoras de los objetos del lago. Las ondas sonoras identificaron grandes objetos en movimiento que se desplazaban rápidamente por el agua. Debido al tamaño y la velocidad del objeto, Tucker no creyó que se tratara de peces o bancos de peces. La longitud de la imagen vista por Tucker corroboraba las opiniones anteriores sobre el tamaño estimado de Nessie.

Veinte años después, la operación Deepscan se empleó para buscar respuestas sobre el monstruo del lago Ness. En esta búsqueda se utilizó un equipo de ecosonda, que es un tipo de sonar. Se observó una masa importante en la información recibida de la ecosonda. Las imágenes detectaron movimiento en la masa, que estaba situada en el fondo del lago. No se ha llegado a una decisión unánime sobre si estas imágenes eran de Nessie. Hay creyentes que consideran que esta operación apoya firmemente la existencia de Nessie.

Por último, en 2014, apareció una imagen en Apple Maps. Situada en la punta norte del lago, la impresión era de algo que alcanzaba casi los treinta metros de longitud. No parece que la imagen fuera alterada en modo alguno. Los no creyentes afirman que la imagen era el resultado de

---

la estela de un barco en el lago. Otros opinan que sigue apoyando la idea de que el escurridizo Nessie vive en el lago Ness.

Cada año se producen una media de veinte avistamientos del monstruo del lago Ness. Quizá nunca se compruebe si Nessie está realmente en el lago Ness. O quizá solo los creyentes puedan verla. Sea como fuere, sigue atrayendo a los visitantes que la buscan con optimismo.

Capítulo 11: Kelpies y Selkies

El monstruo del lago Ness no es la única criatura que vive en los cursos de agua de Escocia, ni Nessie es el único monstruo acuático cuya historia es críptica y no está corroborada. Hay quien cree que Nessie fue una historia contada para asustar a los niños. Algunos de los lagos de Escocia son increíblemente profundos, y los ríos fluyen muy deprisa. Las historias de monstruos aterradores que capturan a los más pequeños impedían que los niños se adentraran en las aguas, ya que los padres temían que sus hijos fueran arrastrados por los ríos o cayeran a los profundos lagos.

Otro personaje prominente destinado a advertir de los peligros del agua eran los kelpies. Las piedras talladas encontradas cerca del lago Ness muestran imágenes de una extraña bestia acuática. Se cree que estas tallas fueron las primeras representaciones de kelpies. En la mayoría de los grabados en piedra hallados en esta zona de Escocia, los animales son claramente reconocibles.

Los pictos crearon estos grabados, que están elaboradamente detallados. Estos antiguos pueblos vivían en el norte y el este de la actual Escocia. Los pictos no dejaron ningún registro escrito, pero sus piedras han proporcionado información a los historiadores. Los romanos, que intentaron conquistarlos, también han dejado información sobre ellos.

Hay dos opiniones sobre el significado de la palabra «picto». Un bando cree que procede de la palabra latina *picti*, que significa «pintado». Los pictos solían pintarse con tintes y tatuajes. La otra teoría es que los pictos se referían a sí mismos como *pecht*, que significa «antepasados».

Solo un animal de las tallas pictas es misterioso; a menudo se hace referencia a él como el elefante nadador o la bestia picta. Esta misma imagen se encuentra en más de cincuenta de las piedras dejadas por los pictos, y se cree que los místicos y mitológicos *kelpies* están relacionados con estas imágenes.

Los kelpies son seres acuáticos con cola de delfín. Cuando los kelpies salen del agua, pueden transformarse en caballos cuando están en tierra. Casi todas las masas de agua de Escocia tienen historias locales relacionadas con kelpies. Curiosamente, el mayor número de avistamientos de kelpie en Escocia se encuentra cerca de donde se hallaron las enigmáticas tallas de los pictos en el lago Ness.

La propia palabra «kelpie» procede probablemente de la palabra *cailpeach* o *colpach*, que significa «potro» o «vaquilla» en gaélico. Estos caballitos de mar suelen aparecer ante los humanos como simpáticos ponis o caballos con las crines empapadas. Sin embargo, los kelpies son seres maliciosos. Atraen a la gente para que monte en ellos. Una vez que el jinete monta al kelpie metamorfo, queda literalmente atrapado, ya que su piel está recubierta de un adhesivo mágico. Incluso cuando el jinete desprevenido se da cuenta de lo que está pasando, es incapaz de desmontar. Por desgracia, estos viajes aparentemente inofensivos acaban con la muerte acuática del jinete. Las muertes por ahogamiento solían atribuirse a los kelpies.

Estos místicos y malévolos caballitos de mar merodean por los ríos y cursos de agua de Escocia en busca de víctimas. La única forma de escapar es agarrar la brida del kelpie. Hay que ser rápido como el rayo y controlar al kelpie antes de subirse a su lomo. Si uno tiene la suerte de dominar al kelpie, puede controlarlo y evitar su muerte.

Un kelpie capturado tiene un poder increíble. La leyenda cuenta que la fuerza de un kelpie capturado equivale a la de cien caballos. Durante su cautiverio, los kelpies ayudaban a los lugareños a transportar suministros pesados. Algunos ayudaban a sus captores a transportar piedras para construir murallas y castillos. Para mantenerlos bajo control se utilizaban ronzales con el signo de la cruz.

Los kelpies suelen transformarse en caballos. Sin embargo, pueden cambiar su apariencia en cualquier criatura que elija. A veces, los kelpies alteran su forma para parecerse a un humano. La versión humana de un kelpie vaga por las orillas del agua, haciéndose pasar por un joven seductor. Aunque hermoso, el kelpie transformado sigue teniendo el pelo mojado y enredado con plantas silvestres. Su objetivo es atraer a una joven para que se le acerque. Una vez atrapada, la mujer es conducida a la muerte.

Los Kelpies también pueden aparecer como mujeres. Como mujer, siguen el mismo escenario. Los kelpies adoptan la personalidad de una mujer hermosa y pasean por la orilla del río, buscando atraer la atención de un joven, que será conducido a la muerte.

Pintura de un kelpie hembra
https://commons.wikimedia.org/wiki/File:Thekelpie_large.jpg

Un kelpie también puede transformarse en una persona de aspecto desgreñado. Siguiendo su modus operandi habitual, el kelpie transformado pasaba el rato junto a la orilla del agua. Cuando un turista ingenuo pasaba por allí, el peludo kelpie con aspecto humano saltaba y atacaba. Un método alternativo que utilizaban los kelpies para librar su zona de turistas era activar sus poderes mágicos. Los kelpies hacían señas a las aguas, que arrebataban a los viajeros y los arrastraban.

El único aviso de que había kelpies en la zona era el sonido que emanaba de sus colas. Cuando los kelpies regresaban de sus aventuras a sus hogares acuáticos, sus colas hacían eco del retumbar de los truenos. Si alguna vez va a Escocia, preste atención a los truenos o a los chillidos espeluznantes. Si oye alguno de ellos, tenga cuidado: puede que haya kelpies en la zona.

No hay pruebas fehacientes de que los kelpies existan, pero las historias relacionadas con ellos son fascinantes. Estas historias se refieren a personas que no tuvieron en cuenta el poder y la magia de los kelpies. Una de ellas ocurrió en Braco. El río local se desbordó, impidiendo a un hombre que vivía en la zona llegar a su casa. Necesitaba ayuda para cruzar las aguas embravecidas. Por suerte para él, vio un caballo que se alimentaba tranquilamente de las hierbas de la orilla del río crecido.

De alguna manera, el hombre no vio la escena con preocupación; solo sintió alivio al encontrar un caballo. El hombre se acercó al caballo, que de buena gana dejó que el hombre se subiera a su lomo. Cuando el hombre estuvo listo, el caballo, que en realidad era un kelpie, se lanzó al agua. El hombre fue arrastrado a las profundidades de las rugientes aguas y nunca se lo volvió a ver.

Aunque la mayoría de los encuentros con kelpies no acaban bien para los humanos, algunas personas consiguen sobrevivir. En otra historia, el kelpie volvió a utilizar el truco de la crecida de un río para llevar a cabo sus artimañas. Un marido se quedó varado a un lado del río mientras su esposa, enferma de muerte, esperaba en casa su regreso. Sintiéndose impotente y abrumado, el marido se derrumbó llorando al borde del río que no se podía cruzar.

Un amable samaritano se acercó al desolado marido. Empapado, el samaritano dio la impresión de haber ayudado a otros a cruzar el río. El afligido marido aceptó de buen grado su ofrecimiento de ayuda. El samaritano se echó al marido al hombro y entró en el agua. Una vez en medio del río crecido, el desconocido intentó arrojar al marido al río.

Se entabló una lucha entre ambos. Sin dejar de luchar, los dos llegaron al otro lado de la orilla. El marido pudo tocar el suelo y se apartó del desconocido. Alejándose del río y del «samaritano», el marido se apresuró a volver a casa. El desconocido, furioso por haber perdido la batalla y su conquista, volvió a su forma de kelpie. El kelpie arrancó piedras de la orilla del río y se las lanzó al hombre, que escapó.

Después de aquel incidente, la gente que pasaba por la orilla del río apilaba piedras de kelpie. Estas rocas se apilaban hasta crear un *cairn* (un gran montón de rocas).

Un kelpie vagaba continuamente por los bosques y cursos de agua cercanos al lago Ness, asustando a los residentes locales. Un lugareño, James MacGrigor, trató de eliminar la amenaza. Se acercó sigilosamente al kelpie y le quitó la brida, que es su fuente de vida. Sin sus bridas, los kelpies solo pueden sobrevivir veinticuatro horas.

Este kelpie tenía la capacidad de hablar. Le suplicó a MacGrigor que le diera su brida, pero este se negó rotundamente. Incapaz de convencer a MacGrigor, el kelpie adoptó otra táctica y lo siguió hasta su casa. Cuando llegó a casa de MacGrigor, vio la cruz clavada sobre la puerta principal. El kelpie, pensando que había burlado al humano, informó a MacGrigor de que no podría entrar en su propia casa porque llevaba la brida. MacGrigor arrojó la brida al interior de la casa por una ventana abierta.

El destino del kelpie estaba sellado. La brida se conoce ahora como «la bola y la brida». Cualquiera que sostenga la brida tiene acceso a increíbles poderes curativos. Todo lo que una persona tiene que hacer es colocar la brida en el agua. Luego, giran la brida tres veces en el agua mientras se bendicen a sí mismos «en el nombre del Padre, en el nombre del Hijo y en el nombre del Espíritu Santo».

Rosstheamazing, CC BY-SA 3.0 <https://creativecommons.org/licenses/by-sa/3.0>, vía Wikimedia Commons; https://commons.wikimedia.org/wiki/File:The_Kelpies_in_Falkirk.jpg

El poder de los kelpies se plasma vívidamente en *Los Kelpies*. *Los Kelpies* son estructuras de acero de casi 30 metros de altura. Fueron diseñadas y construidas por Andy Scott, un escultor escocés. Cada Kelpie necesitó más de 330 toneladas de acero para su construcción. Se necesitaron más de 1.300 toneladas de hormigón reforzado con acero para soportar el peso de cada cabeza. Cada escultura consta de dieciocho mil piezas separadas; de ellas, novecientas son las escamas inoxidables.

Los Kelpies pueden visitarse en el parque Helix, situado entre Falkirk y Grangemouth (Escocia). Al contemplar estas enormes estructuras no hay peligro de caer en el agua. *Los Kelpies*, con su tamaño, fuerza y toneladas de acero, solo representan el poder que los míticos kelpies tenían y siguen teniendo (al menos según algunos) sobre los ríos y vías fluviales de Escocia.

Se dice que las selkies, otro grupo de criaturas mágicas y míticas, habitan las aguas oceánicas de la costa occidental de Escocia. Se cree que son originarios de las aguas que rodean las islas del Norte, formadas por las Orcadas y las Shetland. La palabra «selkies» es un derivado de las palabras escocesas para foca: *selch* o *selk*. Las selkies se transforman de foca en humano y viceversa.

Aunque la mayoría está de acuerdo en el origen de las selkies, hay muchas versiones sobre cómo surgieron. Como las historias de los celtas no se escribieron hasta más tarde (y se les añadieron elementos cristianos en el proceso), se han formado muchas conjeturas a lo largo del tiempo. Es probable que las selkies y sus historias fueran la forma que tenían los antiguos de mostrar su respeto y admiración por el poder, la imprevisibilidad y la belleza del océano.

Algunos creyentes en las selkies las consideran hadas. En el folclore escocés, las hadas están estrechamente vinculadas a la naturaleza. Para las selkies, su conexión con la naturaleza era el océano. Hace cientos de años, la gente pensaba que las selkies, como las hadas, eran ángeles caídos en desgracia. Dios aún no las había aceptado en el cielo. Mientras esperaban el día del Juicio Final, las hadas vivían como animales. Las selkies vivían como focas.

Un cuento dice que las selkies fueron una vez personas. Sin embargo, cometieron un grave delito. Por su horrible fechoría, fueron maldecidas y transformadas en focas. Su castigo era vivir en la Tierra en forma de animal.

Otra explicación de cómo surgieron las selkies procede de las islas Orcadas. Hace mucho tiempo, los bardos contaban historias sobre las selkies, que en realidad son personas que se han ahogado. Las almas de los fallecidos siguen viviendo como selkies. Sin embargo, una vez al año, en la víspera del solsticio de verano, las almas pueden pasar de un mundo a otro. Así, las selkies pueden elegir entre cruzar al Otro Mundo, seguir siendo selkies o volver a su forma humana.

Los mitos de todas las culturas han ayudado a la gente a comprender los misterios del mundo. Otra explicación de cómo surgieron las selkies ayudó a explicar lo desconocido. Por ejemplo, cuando los niños nacían con los pies palmeados, las selkies y sus historias servían para ayudar a los padres a entender a su bebé. Algunos bebés nacen con la piel escamosa o la cara parecida a la de una foca, y la leyenda de las selkies podría haber servido para explicar por qué. Hoy existen nombres científicos para las variaciones genéticas, pero hace cientos de años, la historia de las selkies habría servido para tranquilizar a los padres.

Estatua de una selkie

Independientemente de su origen, las historias de estos cambiaformas incluyen el encanto del océano, el romance y el desamor. El verdadero hogar de una selkie es el océano. Sin embargo, a veces el glamour de la vida en tierra como humano hace que un selkie se despoje de su piel. Las selkies viven atormentadas, deseando lo que no poseen. Algunas selkies anhelan una vida en tierra mientras están en el mar; luego, cuando se convierten en humanos, añoran el mar. Para complicar su situación, las selkies humanas son irresistibles para los seres humanos.

Las selkies seducen por su belleza y personalidad. Disfrutan bailando bajo la luz de la luna y tienen un alma bondadosa. Cuando las selkies abandonan el océano y comienzan su vida en tierra, adoptan una forma humana. Si una selkie pierde la piel de foca que se ha quitado, no puede volver al océano. El ser humano que tiene la piel ahora las controla. Si una selkie encuentra su piel, siempre vuelve a las aguas. Así, sus historias siempre terminan con un corazón roto.

Tal fue la historia de un pescador escocés. Un día, paseaba por la costa cuando se topó con un grupo de mujeres que giraban bajo el cielo iluminado por la luna. Intentó acercarse sigilosamente para verlas mejor. Sin embargo, el pescador rompió una rama, advirtiendo a las mujeres de la presencia de un extraño. Las mujeres corrieron hacia un montón de pieles de foca para poder huir.

Pero el pescador llegó al montón de pieles justo cuando lo hacía el grupo de mujeres. Cogió la última piel del montón. Con lágrimas en los ojos, la mujer suplicó al forastero que le devolviera la piel. Sin embargo, el pescador conocía las leyendas de las selkies. Sabía que, si guardaba y escondía la piel, la mujer selkie tendría que quedarse en tierra y casarse con él.

Se casaron y, con el paso de los años, tuvieron dos hijos. La selkie era una madre cariñosa y una esposa obediente. Sin embargo, añoraba el mar. Un día, sus dos hijos encontraron un tesoro. Le mostraron a su madre la sorpresa: una hermosa piel de foca. Extasiada por haber recuperado su piel, la mujer supo que no tenía elección. Aunque la madre quería mucho a sus hijos, el océano le pedía que regresara.

La madre sentó a los niños para darles la noticia y empezó por explicarles la herencia de las selkies. Les dijo que tenía que volver inmediatamente. En cuanto su marido se durmió, la madre y sus dos hijos se acercaron a la orilla. Conteniendo las lágrimas, les dijo cuánto los quería y que, cuando la oyeran cantar, se acercaran al agua para nadar con ella. Luego se fue nadando.

A la mañana siguiente, los niños contaron a su padre lo sucedido. Como el pescador había amado a su mujer, se llenó de tristeza, pero se alegró por el tiempo que habían pasado juntos.

Las selkies suelen ser del género femenino. Sin embargo, hay selkies machos que llegan a tierra y se transforman en humanos. Los selkies machos son conocidos por su buen aspecto y su capacidad para hipnotizar a las mujeres. Cuando llegan a tierra, persiguen a las mujeres que están infelizmente casadas. Cuando la esposa descontenta está lista para una nueva pareja, solo tiene que llorar siete lágrimas en el océano. Un selkie macho mudará su piel y vendrá a tierra a rescatarla.

Cuando una mujer tiene una aventura o abandona a su marido, se cree que un selkie macho la ha tentado. Los selkies machos también explican lo ocurrido a las mujeres desaparecidas, ya que un selkie debe de haberse llevado a una nueva amante a su hogar en el agua.

Todas estas historias de amor terminan con alguien triste y desamparado. Las selkies son amantes apasionadas y amables. Sin embargo, para las selkies no hay amor más grande que el mar.

Capítulo 12: Nueve doncellas y un gaitero fantasma

Los cuentos y mitos populares que se transmitían oralmente de generación en generación en Escocia y otros lugares celebraban las maravillas naturales de una zona y proporcionaban orientación sobre cómo respetar el entorno. También explicaban aspectos de la vida que parecían incomprensibles. Pero no todas las criaturas mágicas de Escocia vivían en lagos u océanos. También florecieron mundos imaginarios llenos de criaturas sobrenaturales.

Una zona que, según se decía, estaba llena de hadas eran las Sidlaws, unas colinas situadas al norte de la ciudad de Dundee, en Escocia. Las hadas moraban en la Tierra para intervenir en la vida de sus vecinos humanos. A veces, las hadas buscaban ayudar a los mortales; en otras ocasiones, los seres sobrenaturales eran traviesos bromistas.

La Piedra de Balluderon, también conocida como Piedra de Martín

Val Vannet; https://commons.wikimedia.org/wiki/File:Martin%27s_Stone_-_geograph.org.uk_-_14993.jpg

En la base de las Sidlaws se encuentra la Piedra de Martin. El trozo de piedra roto es un resto de una piedra simbólica anhelada por los pictos. Los pictos eran un grupo de tribus que vivieron en Escocia desde el año 100 de la era cristiana hasta alrededor del 900 de nuestra era. Tallaban detalles en piedras que aún hoy se descifran. La investigación actual sobre el propósito de las piedras con símbolos pictos teoriza que las piedras elaboradamente grabadas conmemoraban acontecimientos significativos, personas importantes y/o establecían límites de propiedad. También es posible que los pictos utilizaran los símbolos de las piedras para rastrear información sobre los miembros de sus tribus.

La leyenda cuenta la historia de *Las nueve doncellas de Dundee* y la Piedra de Martin. El relato se sitúa cerca del pueblo de Dundee, en la base de los Sidlaws. Muchos años atrás, un padre viudo y sus nueve hijas cuidaban sus tierras en la granja de Pitempton. La familia cultivaba felizmente sus plantas y jardines. Cada vez que recogían la cosecha, la familia la compartía con todos los habitantes del pueblo.

Después de un largo y agotador día de desherbar y trabajar en el campo, necesitaban agua del pozo del pueblo. Así que el granjero pidió a su hija mayor que caminara hasta el pozo para conseguir un cubo de agua. Aunque el trayecto solo debía durar unos minutos, el granjero no se preocupó cuando su hija no regresó. Pidió a su segunda hija mayor que fuera al pozo a ver cómo estaba la mayor.

El tiempo siguió pasando más lentamente porque ni la hija mayor ni la segunda hija mayor volvieron a casa. A continuación, la tercera hija mayor fue enviada al pozo del pueblo. Tampoco regresó. El padre siguió enviando a sus hijas hasta que se quedó solo en casa.

Confuso y angustiado, el granjero supo que tenía que ir él mismo al pozo. Entró corriendo en el pueblo y corrió hacia el pozo. Una mirada lo sobrecogió y se derrumbó de dolor. Sus nueve hijas estaban muertas. Destrozados y entrelazados, los cuerpos de sus hijas muertas se amontonaban junto al pozo. Mirando a sus hijas, el granjero vio un dragón con forma de serpiente.

Desolado, el granjero supo que necesitaba ayuda. Se recompuso y corrió hacia el centro del pueblo. En su camino, se encontró con Martin. Gritó sobre la desdichada escena con la que se había topado e informó a Martin de que su hija mayor había muerto. Martin estaba prometido a ella, por lo que estaba tan furioso como su padre.

Martin era el herrero del pueblo y corrió a su herrería. Allí recogió su lanza y su caballo para combatir al dragón. Galopó hasta el pozo que el dragón había convertido en su guarida. Buscando vengar la muerte de su amada y sus hermanas, Martín luchó sin miedo contra la bestia viciosa.

El dragón se abalanzó sobre Martín, que se alejó rápidamente al galope. Intentando confundir al dragón, Martín corrió por los campos abiertos de la aldea. El dragón mordió el anzuelo y le pisó los talones a Martín y a su caballo. Ambos se rodearon mutuamente mientras Martín intentaba apuñalar al dragón con su lanza. Sin embargo, el siseante dragón siguió eludiéndolo.

Martin sabía que necesitaba ayuda para derrotar al dragón, así que cabalgó hasta la siguiente aldea para conseguir ayuda. Los aldeanos salieron corriendo de sus casas, tras escuchar la desgarradora noticia del granjero y sus nueve hijas. Muchos de los aldeanos también tenían familiares que habían muerto a manos del dragón, así que estaban ansiosos por ayudar.

Con Martin a la cabeza, los aldeanos pusieron un cebo al dragón y lo condujeron a un lago cercano. Con una chapoteo y gemidos aterradores, el dragón se sumergió en el agua. Luchó por salir, escupiendo agua sobre todos sus perseguidores.

La persecución continuó, pero el dragón era ahora más lento debido a toda el agua que había ingerido. Martin tuvo la oportunidad perfecta para matar al dragón. Los aldeanos, Martin y el dragón se encontraron en un prado cercano. Lleno de ira y con el corazón roto, Martin empuñó con fuerza su lanza y se preparó para asestar un golpe. Sin embargo, dudó un segundo, lo que provocó que su lanzamiento no alcanzara al dragón.

Agitándose con furia, el dragón empezó a arremeter contra la multitud. Los aldeanos, percibiendo un cambio en el control de la batalla, animaron a Martin a gritos. Ansiosos por presenciar la muerte del dragón, gritaron: «¡Golpea, Martin!».

Martin sabía que tenía que actuar de inmediato. Con todas sus fuerzas, Martin blandió su lanza y golpeó al dragón directamente en el corazón. Chillando de dolor, el dragón se desplomó. La multitud gritó de júbilo: por fin se habían librado del reino de terror del dragón.

En el lugar donde se produjo el acto final, se colocó una piedra en conmemoración de las nueve hijas del granjero y de las heroicas acciones de Martin. Los grabados de la Piedra de Martin, que pueden haber sido realizados por los pictos, relatan los detalles de la historia. La piedra puede contemplarse aún hoy y sigue situada en su emplazamiento original. Solo queda la mitad de la piedra original de cuando fue tallada en los siglos VIII o IX. Hoy en día, la piedra está protegida por una valla de hierro en el campo donde tuvo lugar la batalla entre Martín y el dragón. Las imágenes desgastadas de la piedra incluyen un jinete sobre un caballo que parece trotar, un segundo jinete bajo una cruz celta y el símbolo picto de la bestia.

Tras el incidente, el pueblo recibió el nombre de Strathmartine en honor a Martin. El nombre del pueblo es para recordar el apoyo que Martin recibió de la multitud con el pregón «Strike, Martin» (Golpea, Martin), que se convirtió en Strathmartine. Hoy en día, el pueblo se llama Bridgefoot. La Piedra de Martin está a una milla al norte del centro del pueblo.

En el centro de Dundee, en High Street, se encuentra la estatua de un dragón que recuerda la leyenda. Por todo Dundee encontrará otros dragones que complementan las imágenes pictas de la batalla.

Imagen del dragón de Dundee

Kenneth Allen; https://commons.wikimedia.org/wiki/File:Dundee_dragon_-_geograph.org.uk_-_777300.jpg

Otros cuentos y textos religiosos hacen referencia a nueve doncellas. Por ejemplo, está la historia de san Donald de Ogilvy. Ogilvy se encuentra a unas millas al norte de Sidlaws, por lo que está cerca de donde transcurrió la historia de Martin. Donald de Ogilvy también tuvo nueve hijas. Tras la muerte de su esposa, Donald convirtió su hogar en un lugar de oración, sacrificio y vida sencilla.

Este estilo de vida enclaustrado se mantuvo hasta que murió el padre de las nueve doncellas. Según la historia, tras su muerte, las nueve hermanas ingresaron en el monasterio de Abernethy. Algunas versiones dicen que el rey de los pictos invitó a las hermanas a unirse al monasterio. Las investigaciones han descubierto que los pictos fundaron una catedral en Abernethy ya en el año 700. En el lugar se descubrieron pruebas de piedras con símbolos pictos.

La leyenda también habla del rey picto Garnard, que invitó a las hermanas a vivir en su claustro, proporcionándoles su propio espacio de oración dentro del monasterio. Mientras vivieron allí, las nueve doncellas continuaron el estilo de vida que llevaban con su padre. Cada una de las hermanas fue enterrada en el monasterio tras su muerte. Se creó una secuencia de paneles de madera grabados para contar la historia de las hermanas. Están expuestos en la sala de oración de la capilla. Desgraciadamente, los paneles fueron destruidos durante la Reforma protestante.

Las Nueve Doncellas han sido veneradas por su estilo de vida monástico y su devoción a su padre y entre ellas. En otra versión de las nueve doncellas, el amor y el acto de venganza de Martín por la doncella mayor es una conmovedora historia de amor.

Al igual que su historia recorre los alrededores de la Piedra de Martin, también lo hace la persistente melodía de los gaiteros fantasmas. Gaitas y Escocia son sinónimos para muchos. Muchos festivales y celebraciones tradicionales incluyen gaiteros. Se tiene constancia de la existencia de gaitas desde el año 1000 antes de Cristo. En los antiguos y fantasmagóricos castillos, cuevas y túneles de antaño, emanan leyendas e historias de misteriosa música de gaiteros.

Una de ellas es la del gaitero fantasma de la bahía de Clanyard. Historias de antaño hablan de hadas que habitan las cuevas y túneles que se encuentran en las calas de la costa escocesa. Algunos de estos lugares fueron compartidos más tarde con piratas y contrabandistas. Los bucaneros escondían sus alijos robados en la red de túneles. Para mantener a la gente alejada de los bienes que habían arrebatado a otros, contrabandistas y piratas continuaron con las historias de las cuevas encantadas.

Se sabía que las hadas habitaban el tramo de calas y ensenadas que va desde la ensenada de Grennan hasta la bahía de Clanyard. Los habitantes de la zona no se atrevían a entrar en el reino de las hadas. Sin embargo, un día, un joven gaitero se aventuró voluntariamente en las cuevas. Creía firmemente que marcharía a través de las cuevas y aparecería en la bahía de Clanyard.

El gaitero empezó a tocar una hermosa melodía. Mientras llenaba el aire con su música, él y su fiel perro se dirigieron hacia las cuevas. Durante horas, los lugareños pudieron oír las majestuosas notas de la flauta. Como en un concierto, el fiel compañero del gaitero aullaba al ritmo de la música. Con el paso del tiempo, los sonidos comenzaron a desvanecerse a medida que el gaitero se adentraba en las cuevas.

De repente, los acordes de la música se asemejaron al sonido de un aullido. Tan rápido como empezó, se detuvo. Entonces solo se hizo el silencio.

El perro del gaitero salió corriendo de las cuevas. Ladrando y chillando, el perro corrió hacia la gente del pueblo. El aterrorizado perro no tenía pelo, y el gaitero no aparecía por ninguna parte. Nadie volvió a ver al gaitero.

Ahora desiertas, las cuevas son un lugar abandonado. Desde la desaparición del gaitero, no se ha visto ni oído hablar de las hadas en esta zona. O las hadas han abandonado esta parte de Escocia, o los seres sobrenaturales han cavado cuevas más profundas.

En las cálidas tardes de verano, todavía se puede oír a lo lejos la música de gaitas que emana de la bahía de Clanyard. El gaitero vive eternamente a través de su música.

En la isla de Skye ocurrió algo parecido. Allí había una escuela de gaiteros. Una famosa familia local buscaba un ayudante de gaitero para su banda. Se trataba de un puesto muy codiciado y prestigioso. Para hacerlo más emocionante, se iba a seleccionar a un estudiante de la escuela local de gaiteros.

Con grandes esperanzas, todos los estudiantes empezaron a practicar en serio. Todos querían el puesto. Uno de ellos lo deseaba más que nada en el mundo. Cogió su gaita y practicó y practicó. Por desgracia, no tenía talento. Pero siguió intentándolo. Llevó sus gaitas a practicar cerca del lago local para inspirarse. Incluso él podía oír que su música era deficiente.

Exasperado, tiró la gaita al suelo. Se tumbó en la loma cubierta de hierba y lloró. De repente, el frondoso montículo verde se abrió y una hermosa mujer emergió del mundo subterráneo. Ella le preguntó al angustiado joven por qué lloraba y estaba tan alterado. Él le explicó a la bella mujer que había una vacante de gaitero y lo mucho que significaba para él el puesto de ayudante de gaitero.

Después de reflexionar sobre la situación del joven, la mujer le dijo al gaitero que podría tener una solución. Le pidió que pensara en dos ideas diferentes. Mientras pensaba, el gaitero tenía que determinar cuál creía que era la mejor opción para él. ¿Quería ser un gaitero conocido que realmente no tocaba bien? ¿O quería ser un gaitero increíble que no fuera reconocido ni conocido?

El joven gaitero pensó en las opciones y le dijo a la mujer que quería ser un gran gaitero. Sin embargo, le preocupaba no poder tocar nunca bien. Ella le dijo que podía ayudarlo. El hada le entregó un puntero mágico (la parte de la gaita que produce la melodía) y le dijo que empezara a tocar. El joven gaitero puso el puntero en su gaita y empezó a tocar.

Una música increíble flotaba en el aire. Entonces, el hada le dijo el trato. Siempre que el gaitero estuviera contento con su vida, su música reflejaría su felicidad. Sus melodías harían cantar y bailar a todo el mundo. Los días difíciles que entristecían al joven creaban sonidos melancólicos. La gente que lo escuchara lloraría.

Para que el joven se quedara con el puntero de plata y pudiera controlar la música que creaba, tuvo que aceptar una cosa más. Cada vez que el hada llamaba al gaitero, este debía responder inmediatamente. Preguntó al joven si estaba de acuerdo con estas condiciones. Estaba tan entusiasmado con su capacidad para tocar que aceptó de buen grado.

Tan pronto como regresó, se convirtió en el ayudante del gaitero del castillo local. Poco a poco fue ganando importancia en la banda de gaiteros del castillo. Con el tiempo, se casó y tuvo hijos, que también eran increíbles gaiteros. Él y su familia se hicieron famosos, pero se había olvidado por completo del hada que le había regalado el puntero de plata.

Un día, de la nada, el hada le hizo señas para que fuera a la cueva donde se conocieron. Alegre, se dirigió a la loma cubierta de hierba mientras tocaba la gaita. Su fiel perro trotaba a su lado. Incluso su familia caminaba con él. Se detuvieron en el puente que conducía a la ladera cubierta de hierba.

Siguió tocando a la vista de su familia hasta que llegó a la cueva Dorada. Incluso cuando ya no podían verlo a él ni al perro de la familia, seguían oyendo su melodía. De repente, se hizo el silencio. El perro sin pelo corrió de vuelta con la familia, pero nunca más volvieron a ver al gaitero.

Otra historia de un gaitero está relacionada con la guerra civil inglesa. En Escocia, la gente estaba dividida en esta guerra; algunos eran leales a la Corona, mientras que otros apoyaban al Parlamento. Dos clanes muy conocidos en Escocia diferían sobre a quién apoyaban.

Castillo de Duntrune

Patrick Mackie, CC BY-SA 2.0 <https://creativecommons.org/licenses/by-sa/2.0>, vía Wikimedia Commons; https://commons.wikimedia.org/wiki/File:DuntruneCastle(PatrickMackie)Jun2006.jpg

Su desacuerdo fructificó en el castillo de Duntrune, en Argyll, Escocia. Uno de los clanes, los MacDonald, estaba liderado por Coll o Colkitto. Coll tenía su propio gaitero para dirigir a sus hombres en la batalla. En el castillo de Duntrune, Coll planeó un ataque contra los Campbell. Hay múltiples versiones de lo que sucedió a continuación.

Según una de ellas, el gaitero fue enviado con un grupo de avanzada para espiar a los Campbell. Los Campbell se dieron cuenta de la presencia de los intrusos y los capturaron. El gaitero de Coll fue encerrado en la habitación de la torre. En otra historia, Coll tomó el control del castillo. Una vez asegurado el castillo, Coll dejó a algunos de sus hombres y al gaitero para que mantuvieran el control mientras él continuaba sus batallas por el campo. Tras las batallas, Coll planeó regresar al castillo de Duntrune. Sin embargo, los Campbell derrocaron a sus atacantes y recuperaron el castillo.

En ambas versiones, Coll se acercó al castillo. El gaitero pudo ver que Coll y sus tropas avanzaban. Para advertir a Coll, el gaitero empezó a tocar la gaita. Tocaba con gusto, y las melodías se perdían en la distancia. La música llegó hasta Coll. Mientras escuchaba la música, observó que había algo diferente en los sonidos. Su preciado gaitero estaba enviando una advertencia a través de su música.

Haciendo caso a las notas de precaución, Coll y sus tropas se retiraron. Cuando los Campbell vieron su retirada, se dieron cuenta de lo que había hecho el gaitero. En represalia, el clan le arrebató su medio de vida. Le cortaron los dedos y murió desangrado.

Durante años, las melodías del gaitero se escucharon por todo el castillo. La leyenda cuenta que años después se encontró un esqueleto en la muralla del castillo. El esqueleto no tenía dedos.

CUARTA PARTE:
Poderes superiores y supersticiones

Capítulo 13: Dioses y diosas irlandeses

Los dioses de los cuentos irlandeses eran representados a menudo como estatuas. Además, las figuras clave eran individuos física e intelectualmente convincentes. Un poder extraordinario que tenían muchos de estos seres sobrenaturales era la capacidad de alterar su forma física. Con su talento para cambiar de forma, los dioses podían eludir a sus captores y los problemas.

Representación del Otro Mundo
https://commons.wikimedia.org/wiki/File:Irishfairytales01step_0137.jpg

Aunque las deidades fallecieran, perduraban en las historias y a menudo se reencarnaban. La vida después de la muerte no era solo para los dioses; los antiguos celtas también creían en su transferencia a otro mundo. Una vez que el alma pasaba al Otro Mundo, la vida continuaba.

Los antiguos irlandeses adoraban a múltiples dioses y diosas. Aunque se desconoce el origen de muchas de estas deidades, otras están relacionadas con los Tuatha Dé Danann. Los Tuatha Dé Danann eran una raza de seres sobrenaturales semejantes a dioses. Los Tuatha Dé Danann habitaron Irlanda hace miles de años. En su batalla por el control de la actual Irlanda, los Tuatha Dé Danann perdieron frente a los milesianos, antepasados de los irlandeses.

Se cree que el nombre Tuatha Dé Danann significa la tribu de la diosa Danu, una de las muchas diosas de la antigua Irlanda. Se cree que fue ella quien guió y apoyó a los Tuatha Dé Danann. Con el apoyo de Danu, los Tuatha Dé Danann pudieron desarrollar sus poderes y su magia. La mítica niebla que envolvió a los Tuatha Dé Danann cuando llegaron en picado y se establecieron en Irlanda representaba la alentadora protección de Danu hacia su pueblo.

Danu, una diosa importante, es considerada una diosa madre, ya que todos los Tuatha Dé Danann son sus descendientes. Aunque se la considera una de las primeras diosas irlandesas, solo se conservan fragmentos de información sobre ella. Gran parte de lo que se conoce y venera de Danu es a través de su linaje, que demuestra su poder y talento.

En la antigua lengua irlandesa, *dan*, la raíz del nombre de Danu, está relacionado con el talento artístico y la perspicacia. Por lo tanto, se cree que el origen de las habilidades y destrezas de los Tuatha Dé Danann eran favores que Danu había concedido a sus seguidores. Todos en la tribu confiaban en Danu por sus proezas, y todos en Irlanda están conectados con Danu, dependiendo de ella en busca de sabiduría y bendiciones.

Un mito irlandés de la creación cuenta la historia de Danu y Donn, de los primeros dioses y diosas de Irlanda. Ambos emanaron del Gran Vacío, la nada anterior a la creación del mundo. Creados para ser compañeros, los dos se hicieron inseparables. Una versión habla del gran amor que sentían el uno por el otro. Su amor produjo un resplandor bendito en sus corazones.

Poco después, la pareja tuvo hijos. Esto creó un problema, ya que la pareja estaba muy unida. Uno de los niños, Brian, se dio cuenta de que él y sus hermanos no sobrevivirían si permanecían confinados entre sus dos padres. El tiempo se agotaba; era imperativo que Brian convenciera a su madre para que los dejara escapar. Danu tenía que decidir entre salvar la vida de sus hijos o estar con Donn.

Su amor por sus hijos triunfó sobre su amor por Donn. La única opción de Brian era matar a su padre. Blandiendo su espada, Brian cortó a su padre en nueve partes. Angustiada por la muerte de Donn, Danu sollozó. Sus lágrimas se mezclaron con la sangre de Donn. Conocidas como las Aguas del Cielo, las lágrimas de Danu crearon los océanos y mares del mundo. Los hijos de Danu fueron arrastrados por las aguas y aterrizaron en la Tierra.

Las nueve secciones del cuerpo de Donn formaron otras partes del mundo natural. Los cielos se formaron a partir de su cabeza. Su cerebro dio forma a las nubes. El sol y la luna surgieron de la cara y la mente de Donn, respectivamente. Sus huesos crearon las piedras de la Tierra, y el viento era el aliento de Donn.

Algunas versiones del mito celta de la creación continúan con la formación de los Tuatha Dé Danann por Danu. Cuando Danu lloró la muerte de Donn, vio semillas en sus lágrimas. Dentro de las semillas estaba Donn. Una vez formada la Tierra, las lágrimas de Danu comenzaron a inseminar la Tierra. Eochaidh, una de las semillas de las lágrimas de Danu, creció hasta convertirse en un enorme roble. Dos bellotas cayeron del gran roble. Las lágrimas de Danu nutrieron las bellotas, que se convirtieron en Nemed. De Nemed y su tribu surgieron los Tuatha Dé Danann, o la tribu de Danu.

Otra deidad importante para los Tuatha Dé Danann era el Dagda. Su nombre se traduce como dios bueno, y bueno se refiere a lo hábil y poderoso que era. Dagda era el líder de los Tuatha Dé Danann. Como dios guerrero, tenía poder sobre los reinos sobrenatural y mortal. Dagda tiene muchos nombres debido a sus múltiples talentos. Cada nombre proporciona información sobre sus talentos y funciones. Sus responsabilidades y control abarcan desde la vida hasta la muerte y las estaciones, lo que lo convierte en un «dios padre».

Además de sus habilidades, Dagda poseía tres riquezas veneradas. La primera era uno de los cuatro tesoros de los Tuatha Dé Danann: un caldero mágico de la abundancia. Nadie que viajara o luchara con Dagda pasaría hambre jamás. Solo en el cucharón del enorme caldero cabían tumbados dos de los poderosos guerreros de Dagda. La comida del caldero siempre se compartía, en representación de la bondad de Dagda. En la batalla, las tropas de Dagda siempre quedaban saciadas con un abundante festín. Pero su magia iba más allá de la comida, ya que el caldero podía resucitar a los muertos.

El feroz garrote de Dagda tenía la capacidad de determinar la vida y la muerte. Un extremo del garrote podía matar a cualquier enemigo. El otro extremo podía resucitar a los muertos. El garrote de Dagda era tan poderoso que podía matar a nueve hombres de un solo golpe. Su gigantesco *lorg mór* (que podía ser un bastón, un garrote o un palo) se transportaba sobre ruedas de una batalla a otra. Cuando se arrastraba por el campo, dejaba cavernosos surcos que se utilizaban para señalar las fronteras entre provincias.

La tercera de sus herramientas mágicas era un arpa decorativa de roble. Cuando Dagda tocaba su arpa, su música provocaba tres resultados diferentes. Los oyentes acababan durmiendo, riendo o afligidos. El arpa también tenía el poder de cambiar las estaciones.

Antes de las batallas, Dagda tocaba música para que sus hombres se concentraran en sus tareas. Una vez terminada la batalla, Dagda volvía a tocar el arpa. Su música ayudaba a sus guerreros a curarse de sus heridas físicas y a llorar la pérdida de compañeros.

Uno de los enemigos a los que se enfrentaron los Tuatha Dé Danann fueron los fomoré, que habían oído hablar del arpa de Dagda. Los fomoré sabían que capturar el arpa les aseguraría la victoria. Durante una batalla, algunos fomoré fueron enviados a la casa del Dagda mientras los Tuatha Dé Danann estaban en el campo de batalla. Suponiendo que sus tropas saldrían victoriosas, los fomoré y sus familias se fugaron con el arpa y esperaron las buenas noticias.

Los Tuatha Dé Danann se impusieron a los fomoré y ganaron la batalla. Después de la batalla, Dagda fue a tocar el arpa. Cuando descubrieron que había desaparecido, Dagda y sus hombres la buscaron. Localizaron a los fomoré rodeando el arpa en un castillo desierto.

Sin embargo, como se trataba de un instrumento mágico, Dagda no tuvo más remedio que llamarla. En ese momento, los fomoré cogieron sus armas, listos para luchar de nuevo. A pesar de la inferioridad numérica, Dagda empezó a tocar con calma.

Su primera canción hizo sollozar a los fomoré. Luego cambió la melodía y tocó canciones alegres, causando gran alegría y risas. Esto hizo que los fomoré abandonaran sus armas. Para terminar su popurrí, Dagda rasgueó canciones para dormir. Cuando todos los fomoré se durmieron, Dagda y sus hombres regresaron a sus hogares. Habían ganado la batalla. Nadie volvió a intentar robar el arpa.

Los poderes mágicos del Dagda ayudaron al nacimiento de su hijo, Aengus. Aunque estaba casado con Morrígan, el verdadero amor de Dagda era Boann. Sin embargo, Boann estaba casada. Su marido, Elcmar, era juez de los Tuatha Dé Danann. En su papel de líder, Dagda podía influir en dónde y cuándo Elcmar tenía que desempeñar sus funciones judiciales.

Para tener tiempo con Boann, Dagda ordenó a Elcmar que se reuniera con el rey supremo Bres. Dagda y Boann consumaron su afecto mutuo, lo que resultó en el embarazo de Boann. Para protegerse a sí mismo, a su amante y a su hijo nonato, Dagda utilizó su poder mágico para mantener el sol en su lugar durante nueve meses. Dagda hizo que el tiempo se detuviera.

Así, Boann concibió y dio a luz a un niño en un solo día. Llamado Aengus por su vigor, representa la eterna juventud debido a su periodo de gestación de veinticuatro horas. Además de su papel como dios de la vitalidad juvenil, Aengus representa el amor y el uso poético del lenguaje. Este talento fue utilizado por Aengus para conspirar con su padre y engañar a Elcmar.

El hogar de Elcmar y Boann estaba en Brú na Bóinne. Aengus y Dagda estaban de viaje y pararon en casa de Elcmar para visitarlos. Allí, Aengus preguntó a Elcmar si él y Dagda podían quedarse un día y una noche. Elcmar aceptó de buen grado. Más tarde, Elcmar se dio cuenta del error que había cometido al apresurarse a ser hospitalario. En irlandés antiguo, la expresión «un día y una noche» significaba en realidad todos los días y todas las noches. Elcmar había renunciado a su hogar.

El primer amor de Aengus le causó dolor. Étaín era una belleza impresionante, pero era mortal. Cuando Aengus vio a la encantadora Étaín, se enamoró. Complicando la potencial relación estaba Midir. Dagda era el padre tanto de Aengus como de Midir; de hecho, Midir había criado a Aengus. Además, Midir ya estaba casado con Fúamnach.

Los dos hermanos rivalizaban por el afecto de Étaín. Al final, Étaín eligió a Midir, que abandonó a su esposa. En su ira, Fúamnach, una hechicera, transformó a Étaín en una mosca. Luego creó ráfagas de viento para barrer a Étaín de sus vidas. Aengus estaba furioso con Fúamnach. Utilizó sus habilidades místicas para localizar a Étaín. Aengus creía que podría cuidar de Étaín y devolverle su antigua belleza.

Sin embargo, antes de que Étaín pudiera transformarse, cayó sobre una copa de vino. La esposa de un guerrero del Ulster bebió mucho de la copa, ingirió a Étaín y se quedó embarazada. Étaín se reencarnó, pero no recordó a Aengus ni a Midir.

Furioso por haber perdido al amor de su vida, Aengus buscó a Fúamnach. En su ira, la decapitó. El dios que representa el amor mató para proteger a su amada de cualquier daño adicional.

La diosa irlandesa de la poesía es la hermanastra de Aengus, Brigid. Hija de Dagda a través de su matrimonio con Morrígan, Brigid formaba parte de los Tuatha Dé Danann. Estaba relacionada con Imbolc y supervisaba muchos aspectos de la vida. Se la consideraba la diosa de la poesía, la curación, el fuego, la vida familiar y el parto.

Representación de Brigid
https://commons.wikimedia.org/wiki/File:Thecomingofbrideduncan1917.jpg

En algunos mitos, Brigid está casada con Bres, que también formaba parte de los Tuatha Dé Danann. El padre de Bres, Elatha, era fomoré, y su madre, Ériu, es la homónima de Irlanda. Después de que el líder de la tribu, Nuada, resultara herido en la primera batalla de Magh Tuired (también llamada Moytura), Bres fue nombrado rey supremo.

Como Bres era en parte fomoré, fue elegido rey, ya que los Tuatha Dé Danann buscaban mejorar su relación con los fomoré. El matrimonio de Brigid y Bres fue también una forma de poner fin a la enemistad entre los dos grupos. De su relación nació un hijo, Ruadan.

Sin embargo, Bres no fue un rey eficaz. Favoreció a los fomoré e hizo que los Tuatha Dé Danann trabajaran para ellos. Impuso elevados impuestos, sumiendo a los Tuatha Dé Danann en la pobreza. Lo peor de todo es que su reinado no evitó la siguiente batalla.

Antes del comienzo de la segunda batalla de Magh Tuired, Nuada reasumió el liderazgo de los Tuatha Dé Danann, y Bres se alió con los fomoré. La batalla iba bien para los Tuatha Dé Danann. Entonces, los fomoré enviaron a buscar a Ruadan, que fue bien recibido por ambos bandos debido a su linaje.

Después de cada batalla, los Tuatha Dé Danann heridos volvían con espadas afiladas para luchar contra los fomoré. Los fomoré preguntaron a Ruadan cómo era posible. Él explicó que los guerreros eran tratados por el médico de los Tuatha Dé Danann, Dian Cécht. Tras los enfrentamientos, los combatientes se sumergían en el pozo de Slaine de Dian Cécht y recuperaban la salud.

Otro recurso con el que contaban los Tuatha Dé Danann era su herrero. Diariamente, las lanzas y otras armas eran afiladas por Goibniu, que manejaba la forja. Los fomoré convencieron a Ruadan de que debía ayudarles matando a Goibniu.

Ruadan fue a ver a Goibniu a la forja y le pidió una nueva lanza. Goibniu, que no sospechaba nada malicioso, accedió de buena gana. Él y sus compañeros artesanos crearon una lanza hermosa y mortal. Se la entregó a Ruadan, ansioso por escuchar sus elogios. Ruadan levantó la lanza por encima de su cabeza como si probara su peso antes de clavar el arma en Goibniu.

El herrero herido arrancó la lanza de su cuerpo y se la clavó a Ruadan. Como Ruadan había elegido ponerse del lado de los fomoré, no tenía derecho al pozo de Slaine de Dian Cécht. Y en el suelo de la fundición, el joven Ruadan murió.

Hay múltiples versiones que detallan su muerte. Un relato dice que ocurrió en la fundición, mientras que, en otra versión, el hecho ocurrió en el campo de batalla.

Brigid corrió al lugar de la muerte de su hijo. Su inconsolable desesperación fue escuchada por los fomoré y los Tuatha Dé Danann. Sus gritos fueron la primera vez que se oyeron lamentos en los campos de Irlanda. Sus poéticos lamentos iniciaron la tradición irlandesa de los quejidos (lamentos vocalizados de los muertos) en las tumbas. La diosa de la vida y la muerte, que protege los cementerios, demostró su conexión con todos con su muestra de dolor.

La misma batalla que causó tanto dolor a Brigid dio lugar a un nuevo líder: el dios Lugh. Al igual que Ruadan, el linaje de Lugh era una mezcla de Tuatha Dé Danann y fomoré. En la segunda batalla de Magh Tuired, Lugh tuvo que luchar contra su abuelo, Balor. Balor, también conocido como Ojo Maligno, solo tenía un ojo. El enorme párpado pesaba tanto que se necesitaban cuatro hombres para abrirlo. Los enemigos que se atrevían a mirarlo al ojo quedaban incapacitados.

Lugh poseía uno de los cuatro tesoros de los Tuatha Dé Danann: *Gáe Assail* o la lanza de Assal, que tenía poderes mágicos. La lanza nunca fallaba su objetivo. Una vez cumplida su misión, volvía a la mano de su lanzador. Cuando no se utilizaba, se sumergía en un caldero de agua; de lo contrario, la lanza prendía fuego a todo lo que se encontraba cerca.

Durante los duros combates, Balor decapitó a Nuada, rey supremo de los Tuatha Dé Danann. Lugh arrojó su lanza al ojo de su abuelo, lo que condujo a la victoria de los Tuatha Dé Danann. Los fomoré fueron expulsados de Irlanda y Lugh fue proclamado rey de los Tuatha Dé Danann. Gobernó un reino pacífico durante más de cuarenta años.

Capítulo 14: Dioses y diosas británicos

Los actuales países que forman parte de Gran Bretaña comparten muchas deidades similares entre sí.

La manifestación física más conocida de un sistema de creencias míticas en Gran Bretaña es Stonehenge. Hace más de cinco mil años, durante el Neolítico, se construyó Stonehenge. El Neolítico es la última parte de la Edad de Piedra. Durante esta época, los pueblos antiguos empezaron a dejar de ser nómadas para asentarse en aldeas.

Cuando la gente empezó a crear pueblos semipermanentes, los lugares de enterramiento de los muertos pasaron a formar parte del paisaje. El culto a los antepasados, las creencias en la vida después de la muerte y las conexiones entre los vivos y los muertos han formado parte de las culturas durante siglos. Sin embargo, no se sabe si este tipo de estructura de creencias empezó a desarrollarse durante el Neolítico. Independientemente de ello, se produjo la formación de megalitos. Los megalitos son grandes piedras ensambladas siguiendo algún tipo de patrón. Se cree que los megalitos servían como monumento o memorial.

Aunque no existe una respuesta definitiva a la pregunta de por qué se construyó Stonehenge, forma parte del conjunto de megalitos atribuidos a quienes vivieron hace más de cinco mil años. Las pruebas demuestran que la fase final de la construcción de Stonehenge se completó como máximo entre 1500 y 1200 a. C. Las piedras utilizadas para Stonehenge fueron trasladadas a 240 o 320 kilómetros de su ubicación original.

Muchos investigadores utilizan este hecho como prueba de que Stonehenge debió de crearse con un importante propósito religioso. La ardua tarea de arrastrar manualmente rocas a tal distancia solo pudo realizarse para rendir culto a antepasados o deidades. Además, otras culturas utilizaban solo determinadas piedras en la creación de monumentos a sus muertos y dioses. Se creía que algunas formaciones rocosas podían transmitir conexiones de este mundo al sobrenatural.

Imagen de Stonehenge
Uso libre bajo licencia Unsplash. Jack B., https://unsplash.com/photos/aJj87xsnVQA

La orientación de las piedras de Stonehenge está relacionada con los amaneceres de pleno verano y los atardeceres de pleno invierno, o con los solsticios de verano e invierno. Muchas otras culturas antiguas tienen dioses asociados con el cambio de las estaciones. Cualquier deidad asociada a Stonehenge podría estar relacionada con el culto a los antepasados, las cosechas abundantes, la fertilidad, la curación o quizás con algo totalmente distinto.

Al igual que leer o escuchar mitos e historias de dioses, Stonehenge ofrece a los visitantes una visión de una cultura del pasado. Y al igual que algunas de estas historias nos dejan asombrados, Stonehenge hace lo mismo.

Aunque no hay historias o deidades específicas ligadas a Stonehenge, sí hay muchos seres sobrenaturales y relatos de Gran Bretaña. Muchos de ellos han evolucionado hasta convertirse en folclore, pero sus orígenes ayudaron a los pueblos antiguos a desarrollar sus sociedades basándose en un sistema de valores. A menudo, la gente aprendía rasgos que emular y evitar a través de estos cuentos.

Los dioses y diosas británicos reinaban sobre los humanos de las actuales Escocia, Gales e Inglaterra. Las hazañas de estas deidades aparecen principalmente en el *Mabinogion*. En esta colección aparecen un total de once relatos. Originalmente, estos relatos se compartían oralmente de generación en generación. Como ocurre con otros mitos, las historias evolucionaron con el paso del tiempo, con variaciones infundidas por diferentes narradores.

También conocida como las *Cuatro Ramas*, esta colección de deidades, junto con sus reinos y tierras, lenguas y hazañas ha inspirado otras muchas obras de ficción. Las referencias a la leyenda de Arturo aparecieron por primera vez en estas obras. Muchos dioses de Inglaterra, Gales y Escocia fueron plasmados en estas historias, la mayoría de los cuales procedían de dos familias rivales: los hijos de Dôn y los hijos de Llŷr (Lir).

Los hijos de Dôn representan la luz. Su matriarca era la hija de Mathonwy, Dôn (Mathonwy era el rey de Gwynedd). En algunas versiones, el marido de Dôn es desconocido; en otras, su marido es Beli, el dios de la muerte. La diosa tuvo al menos seis hijos. Eran dioses familiares o líderes de los hijos de Dôn. Se la considera análoga a la diosa Danu, una diosa irlandesa. Ambas diosas proliferaban su liderazgo a través de sus hijos.

Análogo al dios irlandés Bile es Beli, hijo de Mynogian, que fue el gobernante de Britania. A menudo se lo llama Beli Mawr. Al igual que en las historias de Dôn, el número de hijos que tuvo y con quién varían. La mayoría de las fuentes se refieren a los hijos de Dôn y Beli como los Hijos de la Luz.

Llŷr representa a los hijos de la Oscuridad en los relatos del *Mabinogion*. Llŷr era el patriarca de la familia, y él y su familia entraban a menudo en conflicto con la familia de Dôn y Beli. Llŷr estaba casado con Penarddun, y tuvieron tres hijos. Sus dos hijos fueron Bran y Manawydan, mientras que Branwen era su hija. Se cree que Penarddun era hermana de

Beli Mawr. Penarddun también tuvo dos hijos con Euroswydd. Se llamaban Nisien y Efnysien.

En la segunda rama o parte del *Mabinogion*, los hijos de Llŷr desempeñan papeles destacados. Esta sección del relato se titula «Branwen, hija de Llŷr». Bran, también conocido como Bran el Bendito y Bendigeidfran, era rey de Britania. El rey de Irlanda, Matholwch (también escrito Mallolwch), buscaba esposa. En sus viajes, Matholwch hace saber a Bran sus deseos. Bran ofrece noblemente la mano de su hermana a Matholwch, que acepta la oferta.

Sin embargo, el hermanastro de Bran, Efnysien, se sintió menospreciado. No fue porque Branwen fuera entregada en matrimonio; más bien, Efnysien consideró que debería haber sido consultado en la decisión. En represalia, Efnysien agredió e hirió a los caballos de Matholwch. El rey de Irlanda se siente ofendido, por lo que emprende la marcha sin Branwen. Para asegurarse de que Matholwch no se marchara sin su hermana, Bran le ofreció caballos de su propio establo. Además, Bran le regaló a Matholwch un caldero mágico que podía devolver la vida a los muertos para enmendar las acciones de Efnysien.

Representación de Branwen
https://commons.wikimedia.org/wiki/File:Branwen.jpg

Matholwch aceptó los regalos y la petición de perdón. Branwen se casó entonces con el rey de Irlanda. El comienzo de su matrimonio y de su vida juntos en Irlanda fue in éxito. Pronto tuvieron un hijo, Gwern. Desgraciadamente, los súbditos de Matholwch consideraron que debería haber recibido más de Bran en compensación por el incidente con los caballos y Efnysien. Matholwch, queriendo apaciguar a sus seguidores, les dio la razón.

Comenzaron los malos tratos a Branwen. Fue tratada como si fuera una sirvienta y no estuviera casada con el rey de Irlanda. Para asegurarse de que Bran no se enterara de los malos tratos, Irlanda dejó de permitir que los barcos procedentes de Gran Bretaña atracaran en sus costas. Desesperada por encontrar un respiro, Branwen comenzó a entrenar a un pájaro. Durante tres largos años, enseñó a un estornino a enviar un mensaje a su hermano, el rey de Bretaña.

Cuando supo lo que le había ocurrido a Branwen, Bran, indignado, reunió sus fuerzas y partió hacia Irlanda. Como era un gigante, Bran no podía navegar en ninguno de los barcos porque se hundirían, así que caminó por el agua. Solo se veía la cabeza de Bran mientras vadeaba el mar para liberar a su hermana. Cuando Matholwch se enteró de que se acercaban barcos y Bran, se retiró de su castillo y se dirigió tierra adentro. En su camino, las tropas irlandesas destruyeron el puente sobre el río Liffey.

Bran y sus tropas continuaron persiguiendo a Matholwch. Cuando Bran llegó al río Liffey, tendió su cuerpo sobre la vía fluvial, lo que permitió a las tropas británicas utilizarlo como puente. El rey de Britania y sus hombres se abrieron paso a través de los bosques de Irlanda mientras continuaban tras Matholwch. Bran era más alto que cualquier árbol de Irlanda, y su cabeza se elevaba por encima de la línea de árboles. Los irlandeses sabían que estaba en camino.

Al darse cuenta de que Bran no se detendría, Matholwch envió un mensajero a Bran con una oferta de paz. La propuesta de Matholwch era que se retiraría del poder y que el título de rey sería otorgado a su hijo con Branwen, Gwern. Además, Matholwch compensaría a Branwen por lo mal que la había tratado.

Para reconocer el acuerdo, Matholwch construyó tiendas lo suficientemente grandes para que Bran pudiera participar en las negociaciones. Sin que los britanos lo supieran, en cada tienda había escondidas doscientas tropas irlandesas. A Bran y a sus hombres les dijeron que en cada tienda había grandes sacos de harina. Efnysien sabía la verdad y entró en cada tienda para exprimir las bolsas, matando a los guerreros.

La transferencia de liderazgo acordada continuó, excepto que Efnysien impugnó el nuevo papel de Gwern como rey. Entonces, cuando pudo, Efnysien agarró a Gwern y lo arrojó al fuego. Conmocionada, Branwen se lanzó hacia el fuego para salvar a su hijo, pero Bran la detuvo antes de que se hiciera daño. Se desató la lucha y el caos.

Usando el caldero mágico que Bran le había dado a Matholwch, los irlandeses trajeron de vuelta a los guerreros que Efnysien había matado. Todos los luchadores muertos durante esta batalla renacieron inmediatamente en el caldero.

Al darse cuenta de la muerte y la ruina que había causado, Efnysien se escondió entre los irlandeses muertos. Cuando los cuerpos fueron arrojados al caldero, Efnysien alargó su cuerpo, haciendo añicos el caldero del renacimiento. Sus acciones dieron la victoria a los británicos, pero Efnysien fue asesinado. Los únicos irlandeses que sobrevivieron fueron cinco mujeres embarazadas. Solo siete de los hombres de Bran sobrevivieron, y el propio Bran resultó mortalmente herido.

Sabiendo que era demasiado grande para ser transportado de vuelta a Britania, Bran pidió a su hermano, Manawydan, que le cortara la cabeza. La cabeza de Bran se uniría a la de los siete en su viaje de vuelta a casa. Aseguró al grupo que les proporcionaría entretenimiento a cambio de su ayuda. Una vez en casa, Bran predijo que su cabeza permanecería en la Sala de Gwales durante ochenta años, donde seguiría divirtiéndolos. Al cabo de ochenta años, cuando se abrieran las puertas que daban a Cornualles, habría que enterrar su cabeza.

Los siete hombres, la cabeza de Bran y Branwen regresaron a su condado. Una vez que llegaron, el traumático matrimonio de Branwen, la muerte de su hijo y su hermano, y el cansancio de luchar le causaron la muerte de un corazón roto. También se contó al pueblo la muerte de Caradog, el hijo de Bran. Bran había dejado a su hijo al frente de Britania mientras él estaba en Irlanda luchando.

Sin embargo, Casswallawn, el hijo de Beli de la familia de los hijos de la Luz, causó la muerte de Caradog. Casswallawn llevaba su capa de invisibilidad mientras mataba a los compañeros cercanos y a los jefes de Caradog, lo que provocó que este muriera de pena. Manawydan, hermano de Bran, era el único heredero al trono. Como Manawydan seguía lejos luchando en Irlanda, Casswallawn se hizo con el control de Britania.

Así, el grupo de siete supervivientes cumplió la profecía de Bran. Durante ochenta años, saborearon deliciosas comidas, disfrutaron de la música y la danza, y disfrutaron de la compañía de Bran. La mayor parte de su viaje transcurrió en Gwales, que es análogo al Otro Mundo. El salón real tenía tres puertas; dos permanecían abiertas, y la que daba a Cornualles estaba siempre cerrada. Bran recordó a los siete que, si la tercera puerta no se abría nunca, su estancia en Gwales continuaría. Mientras estuvieron en el salón real, ninguno de ellos sintió tristeza ni infelicidad.

Sin embargo, un día, Gwynn el Viejo decidió abrir la tercera puerta. Como resultado, los recuerdos de la batalla entre Gran Bretaña e Irlanda y todas sus pérdidas inundaron al pueblo. Ahora, necesitaban satisfacer la última parte de la predicción de Bran. Los siete viajaron a la colina Blanca de Londres, donde enterraron la cabeza de Bran, que protegería a Gran Bretaña de los invasores. Las cinco mujeres embarazadas que habían permanecido en Irlanda tras la batalla para salvar a Branwen dieron a luz. Poco a poco, Irlanda se fue repoblando.

En *Lludd y Llefelys*, el rey de Britania sigue siendo coronado por el linaje del dios Beli Mawr. Al final del reinado de Caswallawn, otro de los hijos de Beli Mawr, Lludd, es nombrado rey de Britania. El hermano de Lludd, Llefelys, se casó con la familia gobernante de Francia y fue coronado rey de Francia.

Durante los primeros años del reinado de Lludd, Gran Bretaña prosperó. Fundó su capital, Caer Lludd, la actual Londres. Sus súbditos prosperaban; disponían de vivienda, comida y bebida. Todo iba bien para el nuevo rey. Entonces, se vio asediado por tres calvarios que amenazaban su pacífico gobierno. Lludd zarpó hacia Francia en busca de la ayuda de su hermano.

En primer lugar, Lludd necesitaba hacer frente a los Coraniaid, una tribu de seres sobrenaturales y maliciosos que habían invadido Gran Bretaña. Uno de los rasgos que los hacía aparentemente invencibles era su oído. El oído de los Coraniaid era tan agudo que podían oír cualquier ruido movido por las corrientes de viento. Con esta habilidad mágica, los Coraniaid nunca corrían el riesgo de ser heridos.

La segunda desgracia que Lludd debía remediar era un grito aterrador. Cada 1º de Mayo, un grito invadía Gran Bretaña. El horror invisible causaba estragos en la tierra. Experimentar el grito causaba fragilidad física en muchos. En otros, el sonido asolaba sus mentes, produciendo enfermedades mentales. Como resultado del horrible grito, las mujeres embarazadas abortaban.

La última afección a la que se enfrentaba Lludd provocaba la desaparición de los alimentos. Independientemente de la cantidad de comida que el rey almacenara, esta desaparecía a la mañana siguiente. La única forma de remediar el problema era comerse toda la comida inmediatamente.

Una vez que Lludd llegó a Francia, él y Llefelys tuvieron que idear un medio para comunicarse que los Coraniaid no pudieran oír. Los dos hermanos utilizaron un largo cuerno de latón para ahogar los sonidos de su conversación. Cuando empezaron a hablar, cada uno solo podía oír al otro con palabras duras y odiosas. Se dieron cuenta de que había que limpiar el cuerno de latón, ya que un gnomo se había infiltrado en él, provocando los malentendidos. Una vez purificado el cuerno, los hermanos empezaron a discutir sus planes.

Para resolver el problema de los Coraniaid, Llefelys informó a Lludd de que un insecto especial, machacado y mezclado con agua, los mataría. Aunque era fatal para la Coraniaid, el brebaje no tenía ningún efecto perjudicial para la gente de Gran Bretaña. Llefelys explicó a continuación el grito. Dos dragones fueron atrapados en batalla. Si Lludd tendía una trampa a los dragones y los alimentaba con hidromiel, se dormirían. Por último, un mago estaba hechizando a los guardias de Lludd. Una vez que el hechizo surtía efecto, el mago se colaba y se llevaba la comida. Para solucionar este problema, Lludd debía desafiar al mago por la propiedad de sus almacenes.

Armado de soluciones, Lludd regresó a su reino. Trituró los insectos que le proporcionó Llefelys y los mezcló con agua. A continuación, Lludd reunió a todos los habitantes de su reino, incluidos los Coraniaid. Una vez reunidos, roció la potente mezcla sobre la multitud. Todos los Coraniaid murieron al ser tocados por el brebaje, pero ningún británico resultó herido. Se reservaron más insectos por si Gran Bretaña volvía a ser invadida.

Lo siguiente en la agenda era abordar el problema del grito que emanaba de los dragones rojos y blancos en guerra. En Oxford, Lludd siguió las instrucciones de su hermano y tendió una trampa. Cavó un gran pozo y lo llenó con hidromiel del mejor cervecero local. Luego, cubrió la parte superior del pozo. Como de costumbre, los dragones lucharon entre sí. Mientras luchaban, cayeron en el pozo. Sedientos por la lucha, bebieron la sabrosa cerveza. Una vez que se durmieron, Lludd los llevó a Dinas Emrys, donde permanecen hasta el día de hoy.

Por último, Llefelys había ordenado a Lludd que cocinara un maravilloso banquete para atraer al mago. Como el mago podía adormecer a cualquiera, Lludd necesitaba tener una cuba de agua helada. Cada vez que Lludd se sintiera aletargado, debía sumergirse en el agua para revigorizarse. Finalmente, llegó el mago, dispuesto a comerse el festín y llevarse toda la comida. Se entabló una batalla y Lludd resultó vencedor. El mago aceptó unirse al reino de Lludd como súbdito leal.

Lludd enfrentándose al mago

Así, Lludd, el dios de la curación, reanudó su reinado pacífico sobre Gran Bretaña.

Capítulo 15: Deidades celtas irlandesas

La mitología irlandesa está repleta de dioses y otras criaturas místicas y mágicas. Muchos de los demás personajes de los mitos y el folclore irlandeses se agrupan bajo el nombre de hadas. Hay varias grafías de hada, y mucha gente utiliza las variantes indistintamente. Históricamente, hada procede del latín y se refería al destino o a las Parcas. En francés antiguo, la palabra hada designaba la magia y la brujería.

El término hadas se utilizará aquí para referirse a una amplia categoría de criaturas relacionadas con dioses o con la mitología. Estos seres tienen poderes sobrenaturales; algunos son caprichosos, mientras que otros pueden ser malévolos. A menudo, sus personalidades se basan en el trato que reciben de los humanos. El aspecto físico de las hadas difiere y ha cambiado a lo largo del tiempo.

En el mundo de las hadas celtas, uno de los primeros grupos de hadas surgió de los Tuatha Dé Danann. El pueblo de Danu libró muchas batallas por su tierra, que se encuentra en la actual Irlanda. Hace miles de años, los Tuatha Dé Danann, una raza sobrenatural, vivieron en Irlanda tras ser desterrados del cielo. Los milesianos, considerados por muchos como los antepasados de los actuales irlandeses, invadieron Irlanda cuando estaba ocupada por los Tuatha Dé Danann.

Algunas historias cuentan que la invasión milesia fue por venganza. Según estos relatos, el pueblo de Danu había matado al líder de los milesianos. Cuando los milesianos desembarcaron, consultaron con el rey de los Tuatha Dé Danann.

Amergin, el mediador de los milesianos, coincidió con los Tuatha Dé Danann en que la tierra les pertenecía por derecho. Sin embargo, propuso una solución: él y los milesianos se retirarían de la tierra. Acordaron esperar tres días. Después, los milesianos navegarían mar adentro sobre las nueve olas verdes. Una vez que los invasores estuvieran tan lejos, podrían intentar otro desembarco. Si lograban desembarcar y conquistar la isla, esta pasaría a pertenecer a los milesianos. Ambas partes aceptaron la idea.

Tras el acuerdo, los milesianos abordaron sus naves, pero los Tuatha Dé Danann utilizaron sus poderes mágicos. De repente, los milesianos se encontraron a sí mismos y a sus barcos en medio de una poderosa tormenta. Sus barcos fueron zarandeados por el mar embravecido, causando muchas bajas y casi destruyendo toda la flota. Durante la tormenta, el hijo y la esposa de Amergin murieron. Él empezó a cantar una invocación por su familia. Su conjuro fue más fuerte que la tormenta y separó los mares. Amergin y los milesianos desembarcaron en Irlanda y conquistaron a los Tuatha Dé Danann.

Tras perder sus derechos sobre la tierra, los Tuatha Dé Danann fueron relegados a vivir bajo la superficie terrestre. En su mundo subterráneo, el pueblo de Danu recreó sus reinos. *Sidhes* o montículos de tierra marcan la ubicación de sus viviendas. *Aos sí*, o «gente de los montículos», se convirtió en el nuevo nombre de los Tuatha Dé Danann. Con el tiempo, se convirtieron en hadas y otras criaturas mágicas.

Un grupo de hadas mágicas que vive en los montículos de hadas de toda Irlanda son los *leprechauns*. Como ocurre con muchos otros términos y personajes de la literatura antigua, existen numerosas variantes ortográficas. Algunas versiones son regionales, pero muchos creen que la versión actual de «leprechaun» tiene su origen en *lurchorpán*, de la grafía medieval del irlandés medio, que significa «cuerpo pequeño». *Leprechaun* es la grafía más utilizada hoy en día.

Otros creen que la palabra y el grupo de hadas empezaron con Lugh, el dios del sol y la luz. Lugh era un poderoso guerrero que luchó valientemente por los Tuatha Dé Danann. Fue líder de la tribu durante cuarenta años. Tras su reinado, descubrió que su esposa había tenido una aventura. Para vengar el nombre de su familia, mató a su pretendiente, Cermait. A su vez, los tres hijos de Cermait tomaron represalias y capturaron a Lugh. Después de que Lugh se ahogara en un lago, ahora llamado Loch Lugborta, pasó a formar parte de los que moraban en el Otro Mundo.

El estatus de Lugh disminuyó, pues ya no era el poderoso guerrero embaucador. Algunos relatos cuentan que Lugh, antaño dios de la artesanía, se transformó de feroz combatiente en zapatero y sastre. En el reino subterráneo de los *sidhe*, se convirtió en «Lugh el Encorvado» («Lugh-chromain»), un hada artesana o duende.

La mayoría de las historias coinciden en que los *leprechauns* son de baja estatura, pero rápidos y ágiles. Históricamente, los duendes eran varones y vivían en solitario. En su reino subterráneo, eran hábiles zapateros que fabricaban calzado para las demás hadas. Los *leprechauns* solían ser los guardianes de los tesoros de oro para los que vivían en el *sidhe*. Como los *leprechauns* eran conocidos por su frugalidad, otras hadas les confiaban sus riquezas.

Los humanos que buscaban *leprechauns* y su oro utilizaban dos métodos para encontrarlos. Se suponía que al final del arco iris había un *leprechauns* custodiando su legendaria olla de oro. También se podía escuchar el sonido del martillo de un zapatero.

Representación de un *leprechaun*
https://commons.wikimedia.org/wiki/File:Leprechaun_engraving_1900.jpg

Estos embaucadores eran difíciles de capturar; una vez en cautividad, era difícil para el secuestrador mantener a raya al travieso *leprechaun*. En caso de ser capturados, los *leprechauns* tenían preparado un plan de escape. En primer lugar, apelaban al deseo humano de oro y riquezas, ofreciendo tesoros por su liberación. Para demostrar su fiabilidad, los duendes mostraban dónde guardaban la plata y el oro.

La bolsa de cuero del *leprechauns* contenía un chelín de plata. Esta moneda mágica permanecía con el humano hasta que el duende era liberado. Una vez que el duende escapaba, el chelín de plata volvía a su bolsa. En otro pequeño saco, el duende tenía monedas de oro. Estas le servían para salir de apuros si se encontraba atrapado. Cuando el duende se alejaba del peligro, la moneda de oro se convertía en ceniza.

Otro truco de los *leprechauns* para escapar de los mortales consistía en pedir tres deseos. Estos deseos solían estar plagados de malentendidos. En el primer cuento conocido sobre un *leprechaun*, Fergus, rey del Ulster, es engañado por los *leprechauns*. Un grupo de *leprechauns*, llamados *sprites* en este cuento, encuentra a Fergus dormido en la playa. Tras quitarle la espada, las criaturas mágicas intentan llevárselo por encima del agua. Cuando los dedos de los pies de Fergus sienten el frío del lago, se despierta de inmediato. Rápidamente, agarra a tres de los *leprechauns*.

El rey del Ulster conoce la magia de los *leprechauns*. Así que exige sus tres deseos a cambio de su liberación. El primer deseo de Fergus es poder respirar bajo el agua. Los *leprechauns* le dicen que podrá hacerlo en todos los cursos de agua excepto en Loch Rudraige.

Representación de Fergus respirando bajo el agua
https://commons.wikimedia.org/wiki/File:7_Fergus_goes_down_into_the_lake.jpg

Creyéndose por encima de la restricción impuesta a su deseo, Fergus decide ir a nadar a Loch Rudraige. Orgulloso de sí mismo, Fergus cree haber burlado a los *leprechauns*. Aquí estaba, disfrutando y respirando bajo el agua en Loch Rudraige. La alegría de Fergus termina cuando se encuentra con Muirdris, una bestia horrible. Su susto es tan profundo que su rostro queda deformado de forma permanente y horrible a causa del shock.

El desfigurado rey del Ulster regresa a rastras a su reino. Sus súbditos se horrorizan al ver el rostro del rey. Nadie en el reino está dispuesto a decirle a Fergus qué aspecto tiene, por lo que todos los espejos del reino se tapan, se dan la vuela o se quitan. Con el paso del tiempo, Fergus se convierte en un viejo cascarrabias y trata mal a los habitantes de su reino. Finalmente, un sirviente no soporta más los malos tratos y le cuenta la verdad.

Fergus se da cuenta de por qué no fue elegido para convertirse en rey supremo, ya que comprende que su desfiguración le ha impedido alcanzar el rango más alto de la tierra. La ira lo consume. Furioso, Fergus parte hacia Loch Rudraige en busca de venganza. Muirdris y Fergus luchan encarnizadamente durante más de cuarenta y ocho horas seguidas. Pero al final, Fergus mata al monstruo.

La batalla consume todas las fuerzas de Fergus. Valientemente, nada hasta la orilla. Una vez en la playa, donde los *leprechauns* le habían encontrado años atrás, Fergus se desploma. Sucumbe a la muerte. Al final, los *leprechauns* se impusieron gracias a sus legendarias artimañas.

Algunos folcloristas y mitólogos creen que los *leprechauns* tienen parientes, mientras que otros los consideran un grupo aparte en el reino de las hadas. Un grupo de hadas emparentadas son los *clurichauns*. Otra figura masculina diminuta, los traviesos *clurichauns* disfrutaban bebiendo cervezas y vinos y fumando. A menudo, los *clurichauns* se colaban en los sótanos de las casas para deleitarse con las bebidas allí almacenadas. Después, encendían sus pipas de arcilla y se relajaban. Otras noches, los *clurichauns* ebrios se divertían montando ovejas o cabras por el campo.

Imagen de un *clurichaun*

A los *clurichauns* se los representa con la cara rubicunda, quizá por su consumo de alcohol y tabaco, y son conocidos por gastar bromas y crear el caos en el hogar. Sus hazañas pueden ser problemáticas; sin embargo, si un *clurichaun* sabe que es bienvenido en su bodega, protegerá sus barriles de vino y cuidará de usted y su familia. Si se sienten menospreciados u ofendidos por usted, los *clurichauns* buscarán venganza. Cuando los *clurichauns* abandonan una casa, la gente dice echar de menos el sonido de las melodías irlandesas que cantaban después de tomarse unas copas.

Considerados similares a los *leprechauns* y los *clurichauns* están los *fear dearg* (*far darrig*), que significa «hombre rojo». Un *fear dearg* es un embaucador que gasta bromas pesadas a los residentes de viviendas más grandes, pero su naturaleza traviesa puede ser más oscura que la de los *leprechauns* o los *clurichauns*. Cuando uno de ellos pasa por su casa, disfruta sentado junto al cálido fuego.

Sin embargo, su visita augura un cambio de suerte, ya que le persigue la mala suerte. Es prudente apaciguar al *fear dearg*. Si no está contento con el trato que recibe, su suerte cambiará más rápida y gravemente. Debido a la inminente perdición que presagia su estancia, los que se encuentran con él suelen tener pesadillas.

En lugar de las bolsas de oro y plata que llevan los *leprechauns*, el *fear dearg* lleva un saco de arpillera que utiliza para llevarse a los recién nacidos. Los bebés son sustituidos por mutantes, un tipo de hada. En otras incursiones, los *fear dearg* han secuestrado a personas. Su oscura versión de la travesura incluye obligar a la persona secuestrada a entrar en una habitación oscura y cerrada. Una vez encerrada, la persona experimenta los aterradores sonidos del *fear dearg*. El *fear dearg* se deleita con el espectáculo antes de liberar al atormentado mortal.

Otra ominosa criatura del mundo de las hadas es la *banshee*. La *sidhe*, mujer de las hadas, o *banshee* es conocida como presagio de la muerte. El grito de una *banshee* señala que la muerte se cierne sobre la familia que escucha sus gritos. El lamento de una *banshee* también se denomina *keening* (lamento) del irlandés antiguo *caoine*. Aunque los gritos de la *banshee* son perturbadores, no causan la muerte. El sonido de los lamentos de las *banshees* varía en Irlanda. Pueden ser desde suaves y tranquilizadores hasta tan intensos y penetrantes que rompen cristales.

Los avistamientos de *banshees* son raros. Se cree que se manifiesta como una hermosa joven, una figura maternal mayor o una anciana exhausta. Estos personajes corresponden a Morrígan. Una diosa triple que representa todas las etapas de la vida de una mujer, Morrígan era una combinación de tres diosas individuales: Macha, Badb y Nemain.

Como profeta y cambiaformas, el chillido de Morrígan y su presencia en la muerte de muchos hombres desarrollaron su conexión con las *banshees*. Se sabía que Morrígan se transformaba, y a menudo se la veía como un cuervo. Cuando volaba por los campos de batalla, sus gritos espeluznantes infundían miedo al enemigo. Otras veces, el aspecto físico de Morrígan cambiaba al de una lavandera. La ropa del guerrero que se tiñó de rojo por la sangre era la que moriría en la batalla.

Los gritos de una *banshee* imitaban los de Morrígan. Hace años, muchos creían que sus familias tenían su propia *banshee*. Una *banshee* permanecía con ellos hasta que todos los miembros de la familia morían y recibían un entierro apropiado. Una vez enterrada la persona, la *banshee* se aseguraba de que su alma recibiera el trato que se merecía. Las almas egoístas y crueles sufrían, mientras que los espíritus bondadosos y de buen corazón pasaban a un reino tranquilo.

Otro presagio irlandés de la muerte es el Cóiste Bodhar, que significa carruaje silencioso o de la muerte. El Cóiste Bodhar no puede regresar al otro reino sin un pasajero del mundo mortal. El jinete sin cabeza conduce el fantasmal carruaje. Quienes han visto este espectáculo hablan del ominoso silencio que rodea al vehículo.

Michael Noonan, residente de Ballyduff, al oeste de Irlanda, vio un carruaje negro, seis caballos negros y un conductor sin cabeza vestido de negro deslizándose silenciosamente por los pueblos del sur de Irlanda. Para aumentar la extrañeza de la escena, Michael dijo a los aldeanos que todos los caballos carecían de cabeza. Alejándose a toda velocidad, Michael esperaba que el Cóiste Bodhar solo estuviera de paso por su pueblo. Tan rápido como apareció el carruaje de la muerte, desapareció de su vista.

Michael se dirigió a casa con la vaga esperanza de que la escena hubiera sido fruto de su imaginación. Por la mañana temprano, estaba en el campo, cuidando de su caballo. Oyó el estruendoso sonido de un caballo que corría hacia él. Madden, un vecino del pueblo, estaba angustiado. Necesitaba asistencia médica para su patrón.

Michael corrió a la botica local en busca de provisiones. Armado con provisiones, Michael saltó sobre su caballo y galopó hacia el patrón de Madden. Llegó demasiado tarde; el carruaje de la muerte ya se había cobrado otra víctima.

Otro visitante que aparece por la noche es el púca (púca). Los púcaí, que cambian de forma, pueden transformarse en cualquier ser que deseen, incluso en personas. A menudo, los púcaí se muestran como magníficos caballos oscuros y sedosos, con crines sueltas, y ojos dorados y brillantes. A juego con los increíbles ojos del púca, del cuello de su caballo cuelgan cadenas.

Los púcaí disfrutan de su capacidad para crear el caos. La gente nunca sabe qué esperar de estas criaturas con aspecto de duendes. Un rasgo que contribuye a su capacidad para causar confusión y caos es su habilidad para hablar como una persona. En sus conversaciones con los humanos, tienden por naturaleza a falsear la verdad. Los púcaí están dispuestos a engañar y estafar, lo que los convierte en astutos visitantes del mundo de las hadas.

Los púcaí participan de buen grado en actividades peligrosas. Como caballo, a los púcaí les gusta pasar por las tabernas en busca de gente que ha bebido demasiadas pintas. Amablemente, el púca se ofrece a llevar a casa a la persona desprevenida. Volver a casa a caballo es mucho más fácil que andando, así que muchos se suben al caballo. Pero el púca está listo para una aventura trepidante, no para volver a casa.

Los púcaí son increíblemente fuertes y talentosos, rasgos de los que les encanta presumir. Una vez que un humano ha montado en un púca que se ha transformado en caballo, comienza la escapada. El púca salta muros de piedra, salta por encima de setos y corre de prado en prado mientras el jinete apenas puede sostenerse. El púca continúa su algarabía hasta el amanecer, aterrorizando a su pasajero todo el tiempo. Entonces, el caballo se detiene de repente y arroja al jinete. El hombre se levanta a trompicones y se aleja a toda prisa del caballo.

La leyenda cuenta que solo un jinete fue capaz de controlar al púca. El rey supremo de Irlanda, Brian Boru, aceptó el reto del púca de dar un paseo. Antes de comenzar la alocada cabalgata, el rey tomó en silencio tres pelos de la cola del púca. Luego, Boru se los echó al cuello como si fueran riendas. Cuando empezó a cabalgar, tiró de los pelos para controlarlo. Las riendas y la destreza física de Boru bastaron para que el rey mantuviera su montura.

El púca reconoció su derrota. A cambio, el rey hizo que los púcaí aceptaran dos órdenes. Los púcaí acordaron que no causarían dolor ni sufrimiento a los cristianos ni a sus propiedades. En segundo lugar, los púcaí no ejercerían violencia contra los irlandeses. El púca solo podía hacerlo si una persona iba a cometer una mala acción. Dado que los púcaí son conocidos por sus engaños y mentiras, es poco probable que cumplieran su acuerdo.

Aunque puede ser un viaje desafiante, los púcaí son grandes conversadores. Tienen una gran facilidad de palabra y estarían encantados de pasar las horas charlando con uno. A veces ofrecen consejos maravillosos, pero recuerde que les encantan las aventuras.

Capítulo 16: Deidades celtas británicas

Las historias y aventuras protagonizadas por dioses y diosas de Gales, Inglaterra y Escocia se agrupan bajo el nombre de mitos bretones celtas. De estos relatos han surgido muchas leyendas folclóricas muy conocidas. Los orígenes de las heroicas aventuras del rey Arturo y sus caballeros se remontan a los mitos celtas.

Los bardos iban de aldea en aldea compartiendo estas atesoradas historias. Los oyentes se quedaban embelesados cuando los bardos les describían escenarios increíbles y personajes sobrenaturales. La mayoría de las leyendas e historias británicas proceden del *Mabinogion*, que consta de cuatro partes principales interconectadas con un personaje, Pryderi, que aparece en las cuatro.

Además de las *Cuatro Ramas del Mabinogion*, hay otras siete historias. Cinco de ellos nos presentan las primeras versiones del rey Arturo. Algunos relatos se ambientan en la corte de Arturo y sus caballeros. Otros relatos relacionados con el *Mabinogion* muestran a Arturo interactuando con seres mitológicos y personajes que aparecen en relatos posteriores del rey Arturo y sus caballeros de la Mesa Redonda.

Se cree que el cuento galés *Culhwch y Olwen* es una de las primeras historias en las que se presenta a Arturo. El hijo del rey Cilydd se casa con Goleuddydd, que queda embarazada. Debido al problemático parto del bebé, Goleuddydd muere. Huérfano de madre, Culhwch es criado por el cuidador de cerdos del reino.

El rey Cilydd quiere una nueva esposa y madre para su hijo. Uno de los hombres de la corte del rey sugiere a la esposa del rey Doged. Como ella ya está casada, el rey Cilydd tiene que matar a Doged. Cilydd lo hace, asumiendo el control del reino de Doged, incluidas sus tierras, su viuda y su hija.

La nueva reina desea asegurar la sucesión de su linaje y el de su marido. Cuando la nueva reina se da cuenta de que su marido ya tiene un hijo, cree que su problema está resuelto. Para asegurar la continuidad de su linaje, la resolución de la madrastra de Culhwch es que este se case con su hermanastra. Culhwch se niega. Despreciada, su madrastra lanza un maleficio sobre Culhwch.

La maldición de Culhwch es que solo puede casarse con Olwen, la hija del rey de los gigantes, Ysbaddaden Bencawr. Sin embargo, la hermosa Olwen tiene una situación complicada. Se ha predicho que, si Olwen se casa, su padre morirá. Culhwch tampoco puede encontrar el reino de Ysbaddaden Bencawr sin ayuda. Solo el primo de Culhwch, Arturo, puede ayudarle con éxito en su viaje.

Culhwch parte hacia la corte de su primo en Celliwig, Cornualles. Se cree que esta es la primera mención de la ubicación de la corte de Arturo. Arturo acepta ayudar a Culhwch en su misión de encontrar a Olwen. Arturo elige a algunos de sus hombres más talentosos para que se unan a él y a Culhwch. Seis de los guerreros más valientes aceptan ayudarlos en su viaje: Bedwyr (sir Bedivere), Cai (sir Cay), Cynddylig Gyfarwydd, Gwalchmei (sir Gawain, que es también sobrino de Arturo), Gwrhyr Gwalstawd Ieithoedd, y Menw, hijo de Tairgwaedd.

En su búsqueda, la troupe se encuentra con la tía de Culhwch, hermana de su madre. Le piden ayuda para encontrar a Olwen. La mujer del pastor intenta decirle a Culhwch que cese en su búsqueda, ya que no se ha vuelto a ver a ninguno de los pretendientes de Olwen. Culhwch se niega a cesar su expedición; está enamorado de Olwen y debe encontrarla. Consciente de que su sobrino no se dejará disuadir, proporciona información al grupo. Todos los sábados, Olwen acude a casa de la tía de Culhwch para que le laven el pelo.

El sábado, Culhwch se presenta en casa de su tía. Ve los caminos llenos de flores blancas. Dondequiera que Olwen pisa, surgen flores blancas, lo que ilumina el significado del nombre de Olwen, «camino blanco». Aunque Culhwch nunca antes había visto a Olwen, queda hipnotizado. Ambos se conocen y Olwen considera a Culhwch un pretendiente aceptable. Sin embargo, conoce el destino de su padre si se casa. Para que Culhwch gane su mano en matrimonio, tiene que completar con éxito las arduas tareas que selecciona Ysbaddaden.

Impertérritos, Culhwch y sus hombres continúan su odisea. Con Olwen, van al castillo de Ysbaddaden. El rey de los gigantes está preparado para ellos. Tiene una lista de requisitos que deben cumplirse antes de que Olwen se case con Culhwch. Para la boda, Ysbaddaden quiere poder afeitarse la barba y prepararse el pelo. Los únicos objetos que podrán lograrlo son un colmillo especial y un juego de tijeras mágicas, una navaja y un peine. Sin embargo, el colmillo tiene que ser de Ysgithyrwyn, y el set para preparar el pelo está entrelazado con la barba de Twrch Trwyth, un jabalí.

El primer paso para conseguir esta hazaña es obtener la espada del gigante Wrnach. Esta arma es necesaria porque es la única forma de matar a Twrch Trwyth. Los hombres siguen la pista de Wrnach, que está convencido de que la hoja de la espada necesita afilarse. Sir Cai le quita el arma a Wrnach y rápidamente decapita al gigante, demostrándole que estaba equivocado.

A continuación, Culhwch y sus hombres tienen que encontrar la prisión que retiene a Mabon ap Modron, ya que necesitan su ayuda para capturar al jabalí. Para encontrarlo, buscan la ayuda de un salmón mágico de Llyn Llyw. El salmón es lo suficientemente grande como para llevar a todo el grupo y transporta a los hombres río abajo hasta Gloucester.

Fuera de la prisión, planean su ataque. Conocen la ubicación de Mabon porque le oyen cantar canciones tristes sobre su encarcelamiento. Cai y Bedwyr logran entrar en la prisión mientras los demás atacan la cárcel. Una vez que Cai y Bedwyr tienen a Mabon, los hombres huyen del lugar.

Ahora, necesitan atrapar a Drudwyn, el sabueso más feroz de todas las tierras. Es tan poderoso que Mabon es el único humano que puede controlarlo. El cachorro mágico es la única criatura que puede localizar y capturar a Twrch Trwyth.

En su camino para encontrar a Twrch Trwyth, persiguen a Ysgithyrwyn, un enorme jabalí con colmillos distintivos. Los colmillos son la única manera de que Ysbaddaden pueda afeitarse su enorme barba para la boda. Matan a la bestia salvaje y le quitan su afilado colmillo.

Escultura de Twrch Trwyth

Nigel Davies / Detalle de la escultura de Twrch Trwyth;
https://commons.wikimedia.org/wiki/File:Detail_of_Twrch_Trwyth_sculpture_-_geograph.org.uk_-_915217.jpg

La persecución para capturar a Twrch Trwyth lleva a la banda por muchos pueblos y por todo el condado. Drudwyn los conduce a través de muchas aventuras y causa mucho caos. Tras perder hombres y numerosas heridas, se acercan a Twrch Trwyth. Mabon agarra la navaja de la barba de Twrch Trwyth. En el río Hafren, uno de los hombres de Arturo se apodera de las tijeras de esquilar. Cuando llegan a Cornualles, Arturo le arrebata el peine. Persiguiéndolo con la espada del gigante, Twrch Trwyth es expulsado al mar, donde muere.

La última tarea del grupo es conseguir sangre de la Bruja Negra. La sangre es la única forma de ablandar la barba de Ysbaddaden antes de que pueda ser afeitada. Arturo consigue derrotarla, llevándose su sangre como premio.

Uno de los súbditos de Ysbaddaden, Goreu, es elegido para preparar al rey de los gigantes para la boda de Culhwch y Olwen. En un acto de venganza por la muerte de sus hermanos y el malévolo gobierno del rey, Goreu lo decapita.

La boda se celebra según lo previsto. Olwen, la hermosa novia, y Culhwch, el feliz novio, se casan por fin. Tras la celebración, Arturo y sus hombres regresan a su corte para prepararse para otra aventura.

Vinculada a Arturo y a algunas ediciones del *Mabinogion* hay una diosa formidable llamada Ceridwen. Esta tiene los poderes y capacidades de Awen. En las creencias antiguas, Awen era una combinación de profecía, sabiduría profunda e inspiración, que eran algunos de los ámbitos sobre los que reinaba Ceridwen. Otras esferas de influencia incluían la muerte, la fertilidad y la creación o renacimiento.

Algunas de las fuerzas de Ceridwen procedían de su papel como guardiana del caldero encantado. El caldero embrujado elaboraba brebajes para alterar la apariencia, cambiar de forma y otorgar el poder de Awen. Dado que los ingredientes y los brebajes resultantes eran tan potentes, debían manipularse con sumo cuidado; de lo contrario, podrían producirse consecuencias imprevistas. En este recipiente mágico, Ceridwen creaba mezclas que normalmente estaban destinadas a beneficiar a otros.

En *El cuento de Taliesin*, que a menudo se incluye como parte del *Mabinogion*, el caldero desempeña un papel importante. Ceridwen y su marido, Tegid Foel, tienen dos hijos: un hijo y una hija. Creirwy, su hija, está considerada una de las tres jóvenes más bellas del país.

Sin embargo, su hijo, Morfran, no es tan afortunado. Nació con deformidades físicas y mentales. Los padres quieren a ambos niños por lo que son, aunque están preocupados por el futuro de Morfran debido a sus problemas. Por ello, Ceridwen y Tegid buscan la manera de que Morfran tenga una buena vida a pesar de sus problemas.

Pintura de Ceridwen
https://commons.wikimedia.org/wiki/File:Ceridwen.jpg

Utilizando sus poderes como diosa y controladora del caldero, Ceridwen desarrolla una poción especial para ayudar a Morfran. Su poción transformará a Morfran infundiéndole inteligencia y sabiduría sobrenaturales. Se trata de una mezcla de ingredientes tan especial que, para que sea efectiva, debe fermentar durante exactamente un año y un día.

Para avivar el fuego bajo el caldero, Ceridwen encomienda la tarea a Morda, un ciego. Gwion Bach, un joven sirviente, recibe la orden de remover el caldero durante un año y un día. Para asegurarse de que solo su hijo se beneficie del elixir, Ceridwen modifica a la receta. Una vez mezcladas todas las hierbas, solo las tres primeras gotas de la mezcla proporcionarán Awen al receptor. El resto es venenoso.

Finalmente, llega el último día de preparativos. Al remover el elixir mágico para su mezcla final, Gwion Bach se salpica sin querer tres gotas en el dedo. Sin pensarlo, Gwion Bach se lleva el dedo a la boca para aliviar la sensación de ardor. Al instante, Gwion se infunde con el Awen que se había preparado para Morfran. Lo suficientemente sabio como para saber que Ceridwen se pondrá furiosa, Gwion Bach huye.

Cuando Ceridwen llega, va al caldero por las tres primeras gotas. Al no ver a Gwion Bach, Ceridwen se da cuenta de que algo estaba tramando. Se detiene antes de dar veneno a su hijo. Enfurecida, Ceridwen comienza a perseguir a Gwion.

Utilizando sus nuevos poderes, Gwion se transforma en liebre. Para alcanzarlo, Ceridwen se transforma en galgo. Cuando se acerca a él, Gwion se convierte en pez y salta al río cercano. Tras él se lanza al agua Ceridwen, que se ha transformado en una nutria hambrienta. Gwion sale del agua convertido en pájaro, pero Ceridwen, más poderosa y experimentada, se convierte en halcón.

Al darse cuenta de lo fuerte que es Ceridwen, Gwion intenta esconderse. La mejor manera de esconderse es volverse muy pequeño, así que se transforma en un pequeño grano. Su intención es ocultarse entre todos los granos esparcidos por el paisaje. Como Ceridwen es una diosa poderosa, como gallina no tiene ningún problema en encontrar a Gwion. Para poner fin a la larga persecución, se lo come.

Sin embargo, el consumo de Gwion como un trozo de grano no puso fin a su historia, solo a la caza. Debido a la formidable tintura, la semilla dentro de Ceridwen la impregna. Enfadada, Ceridwen jura matar a la versión regenerada de Gwion cuando nazca. Pero cuando Gwion renace, es tan hermoso que Ceridwen no se atreve a matarlo. También sabe que no puede quedárselo ni amarlo.

Envuelve al bebé en una bolsa de cuero y lo arroja al mar. Finalmente, el bebé flota hasta la orilla. Tras desembarcar, el príncipe Elffin ap Gwyddno encuentra al bebé en la playa.

Aunque Morfran nunca recibió los beneficios de la mezcla del caldero de su madre, muchas historias cuentan que llegó a formar parte de la corte del rey Arturo.

El bebé de Ceridwen aparece en otros relatos relacionados con el *Mabinogion*. Su salvador, el príncipe Elffin, estaba en la playa porque su padre lo había enviado a buscar peces en la presa. Se desanimó cuando solo vio la bolsa de cuero. Ese era el día habitual de Elffin porque era una persona con mala suerte.

Cuando Elffin vio al bebé, se sorprendió de lo radiante que tenía la frente. El bebé pasó a ser conocido como Taliesin o «frente radiante». Elffin sabía que tenía que llevar al bebé a su padre, Gwyddno Garanhir. Sin embargo, no sabía qué decirle; después de todo, había sido otro viaje infructuoso a la presa en busca de salmones. Mientras se preocupaba por qué hacer, el bebé empezó a cantar poesía, una canción de consuelo.

En esta canción, Taliesin le contó a Elffin que había sido enviado para ayudarlo. Taliesin también divulgó que, si Elffin utilizaba sus habilidades con eficacia, entonces Elffin prosperaría y vencería a sus enemigos. Por último, Taliesin reveló que algún día sería un famoso bardo y profeta.

Cuando el par llegó a casa de Gwyddno, este preguntó a Elffin cuántos peces había pescado. Elffin respondió: «Ninguno, pero lo que he encontrado es mucho mejor que un salmón». Gwyddno se mostró escéptico, pensando que la mala suerte de su hijo continuaba. Sin embargo, Taliesin le dijo al padre de Elffin que este tenía razón; era más valioso para ellos que los peces. Sorprendido de oír hablar tan bien a un bebé, Gwyddno le creyó.

Taliesin fue adoptado por Elffin y su esposa, y sus profecías resultaron acertadas; Elffin prosperó con la ayuda de Taliesin.

El rey Maelgwn Gwynedd, tío de Elffin, invitó a Elffin |al castillo de Deganwy por Navidad el año en que Taliesin cumplió trece años. Durante la fiesta, el rey insistió en que Elffin aclamara las maravillas de su corte y su esposa. En lugar de ello, Elffin proclamó que su esposa era más bella y virtuosa y que él tenía al bardo con más talento. Enfurecido, el rey metió a su sobrino en la cárcel.

A continuación, Rhun, el hijo del rey, recibió la orden de ir a casa de Elffin. Con fama de irresistible para las mujeres, Rhun debía demostrar si las afirmaciones de Elffin sobre la integridad de su esposa eran ciertas. Taliesin sabía lo que había ocurrido en la corte del rey y comprendía los motivos de Maelgwn. Así pues, él y la esposa de Elffin urdieron su propio complot.

Se dieron cuenta de que Rhun intentaría seducir a la esposa de Elffin para demostrar que no era honorable. Cuando Rhun llegó, le dio alcohol a la madre adoptiva de Taliesin. Cuando se emborrachó y se desmayó, le cortó el dedo anular, que estaba adornado con el sello de Elffin. Creyéndose muy listo, Rhun se apresuró a regresar a Deganwy con el dedo y el anillo.

Presumiendo, el rey Maelgwn reveló el anillo y el dedo a Elffin. Sin inmutarse, Elffin observó que el dedo tenía pasta de centeno y que la uña no estaba bien cuidada. Por lo tanto, no era el dedo de su esposa. Indignado, Maelgwn hizo encarcelar de nuevo a Elffin.

Sin que Rhun y Maelgwn lo supieran, Taliesin hizo que su madre cambiara de lugar con una de las criadas.

A continuación, el rey quiso demostrar que sus bardos tenían más talento que Taliesin. Un grupo de veinticuatro bardos y Taliesin compitieron para crear un poema épico y luego interpretarlo. Cuando los bardos reales intentaron demostrar su destreza poética, balbuceaban palabras y sonidos incoherentes. Pensando que estaban borrachos, Maelgwn convocó al bardo principal para castigarlo. El sirviente de Maelgwn abofeteó al bardo hasta que recobró el sentido. El bardo insistió en que ninguno de ellos había bebido nada, diciendo que era un hechizo de Taliesin.

Maelgwn exigió respuestas. Cantando una balada pensativa como respuesta, Taliesin explicó que quería que Elffin fuera liberado de la prisión por todo lo que había hecho por él. Si el rey se negaba, Taliesin crearía una tormenta épica que desestabilizaría el reino de Maelgwn. Para demostrar su habilidad, Taliesin concluyó su balada con feroces ráfagas de viento. Temiendo lo peor, Maelgwn ordenó la liberación de Elffin de su cautiverio. Los vientos amainaron inmediatamente.

También en verso, Taliesin informó a todos los presentes de que era el bardo principal del oeste. También explicó su linaje. Su poema hablaba de sus muchas existencias desde la creación del hombre y la mujer. Taliesin se convirtió en consejero de muchos reyes de todas las tierras, incluido el legendario rey Arturo. Sus profecías sobre el futuro inspiraron las acciones de muchos líderes.

Conclusión

Responder preguntas es lo que mejor saben hacer los mitos. Aunque el mundo ha cambiado drásticamente desde la primera vez que se contó una historia, nuestra herencia humana y nuestras conexiones continúan a través del vínculo común de personajes y situaciones que todo el mundo puede reconocer.

Las personas, independientemente de quiénes sean o de dónde procedan, tienen necesidades básicas similares. Todo el mundo quiere pertenecer, ser querido y estar seguro. Leer y compartir estos cuentos ayuda a alimentar estas necesidades. Podemos desarrollar una mayor compasión cuanto más nos comprendamos unos a otros. Experimentar lo mejor y lo peor de la humanidad permite conocer mejor a las personas.

Se puede encontrar consuelo en la conexión entre todos los pueblos. Cada sociedad tiene su propia colección de mitos. Esta recopilación de personajes y situaciones de los mitos y leyendas celtas aclara que las personas son tanto individuos como miembros de una cultura. Leer mitos hoy puede inspirarnos, reconfortarnos, enseñarnos y hacernos reír.

Aunque es fácil obviar la mitología por considerarla demasiado fantasiosa, leer sobre las historias de antaño puede ayudarnos a comprender aún mejor la historia. Así que no tenga miedo de seguir leyendo sobre mitología celta para comprender realmente lo que significa ser humano.

Vea más libros escritos por Enthralling History

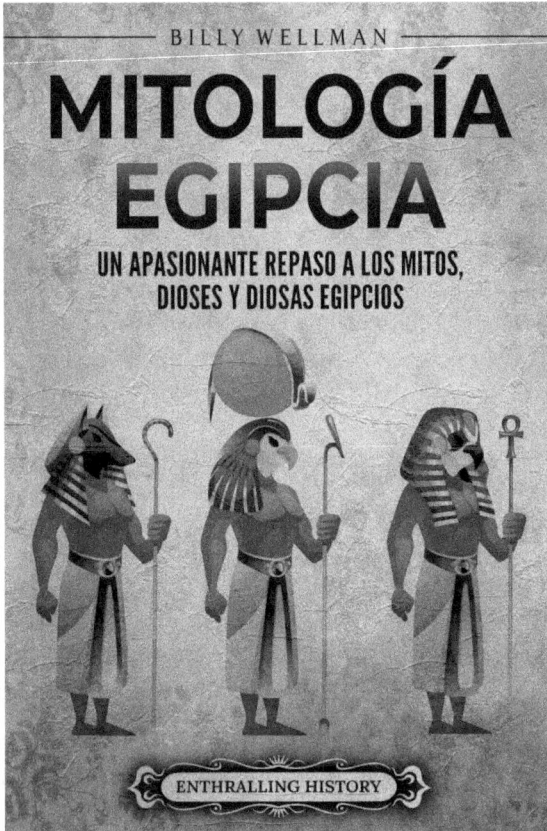

BILLY WELLMAN

MITOLOGÍA EGIPCIA

UN APASIONANTE REPASO A LOS MITOS, DIOSES Y DIOSAS EGIPCIOS

ENTHRALLING HISTORY

Fuentes para la primera parte

Las fuentes se utilizaron entre enero de 2022 y febrero de 2022

Guía de la mitología mundial para idiotas

https://www.worldhistory.org/mythology/ 1/27/2022

https://www.worldhistory.org/Ancient_Celtic_Religion/ 1/9/2022

https://www.bbc.co.uk/religion/religions/paganism/history/spiritualhistory_1.shtml#h2 1/9/2022

https://www.paganfederation.org/what-is-paganism/ 1/15/2022

https://symbolsage.com/celtic-mythology-overview/ 1/20/2022

https://owlcation.com/humanities/Celtic-Mythology-Myths-of-the-Ancient-World 1/20/2022

https://www.learnreligions.com/gods-of-the-celts-2561711 1/18/2022

https://onthescreenreviews.com/2012/09/25/mythology-in-movies-the-celts/ 1/27/2022

https://www.historic-uk.com/HistoryUK/HistoryofEngland/Robin-Hood/ 2/14/2022

https://www.thegamer.com/best-games-inspired-celtic-mythology/

https://media.ireland.com/en-us/news-releases/local/united-states/assassin%E2%80%99s-creed-valhalla%C2%AE-takes-gamers-on-a-virtu 2/22/2022

https://irishmyths.com/2021/04/15/irish-graphic-novels/ 2/22/2022

Fuentes para la segunda parte

Las fuentes se utilizaron entre enero de 2022 y febrero de 2022

https://www.irishcentral.com/roots/irish-myth-children-lir-swan-lake 1/20/2022

https://www.worldhistory.org/Samhain/

https://www.irishtimes.com/life-and-style/abroad/how-tales-of-the-headless-horseman-came-from-celtic-mythology-1.4060086 1/20/2022

https://www.irishcultureandcustoms.com/ACalend/Dullahan.html 1/20/2022

https://folklorethursday.com/folktales/farming-in-british-folk-tales-respect-or-revenge/

https://www.askaboutireland.ie/reading-room/history-heritage/folklore-of-ireland/carlow-folklore/the-story-of-mad-sweeney/the-children-of-lir/ 1/20/2022

https://www.wildernessireland.com/blog/irish-myths-legends-children-of-lir/ 3/10/2022

https://bardmythologies.com/ 4/23

https://www.celtic-weddingrings.com/celtic-mythology

https://seawitchbotanicals.com/

https://emeraldisle.ie/irish-fairy-tales 5/5/2022

Fuentes para la tercera parte

Las fuentes se utilizaron entre enero de 2022 y febrero de 2022

https://mythopedia.com/topics/cailleach 1/20/2022

https://owlcation.com/humanities/TheCailleach

https://weewhitehoose.co.uk/study/the-cailleach/

https://folklorethursday.com/myths/the-cailleach-irish-myth/

https://www.livescience.com/26341-loch-ness-monster.html

https://mythology.net/mythical-creatures/loch-ness-monster/

https://www.historic-uk.com/CultureUK/The-Kelpie/

https://celticcanada.com/scotlands-ghost-trail/

https://www.connollycove.com/the-legend-of-the-selkies/

https://www.irishcentral.com/travel/best-of-ireland/cailleach-irish-goddess-winter-trail-ireland 1/20/2022

https://www.scotland.org/features/scottish-myths-folklore-and-legends 4/1/2022

https://www.scotclans.com/pages/the-loch-ness-monster

http://www.nessie.co.uk/htm/searching_for_nessie/search2.html

https://www.mysteriousbritain.co.uk/

https://theroseandthethistle.com/2019/09/29/the-ghost-piper-of-duntrune-castle2/

https://spookyscotland.net/nine-maidens/

Fuentes para la cuarta parte

Las fuentes se utilizaron entre enero de 2022 y febrero de 2022

https://www.worldhistory.org/The_Morrigan/ 1/9/2022

https://www.worldhistory.org/Leprechaun/

https://mythopedia.com/topics/aengus

https://mythologysource.com/aengus-irish-god-youth/

https://brehonacademy.org/aengus-og-the-irish-god-of-love/

https://mythopedia.com/topics/brigid

https://bardmythologies.com/macha/

https://www.wildernessireland.com/blog/irish-folklore-fairies/ 1/20/2022

Wilkinson, Philip and Neil Philip. Mythology. DK Publishing: New York: 2007.

https://credoreference.libguides.com/c.php?g=139766&p=915787 1/30/2022

https://www.celtic-weddingrings.com/celtic-mythology/legend-of-the-banshee

https://www.worldhistory.org/britain/

https://www.english-heritage.org.uk/learn/story-of-england/prehistory/religion/

https://religionmediacentre.org.uk/news/stonehenge-a-neolithic-cathedral-a-healing-place-or-a-memorial-to-ancestors/

https://www.connollycove.com/banshee/

www.ingramcontent.com/pod-product-compliance
Lightning Source LLC
LaVergne TN
LVHW051739080426
835511LV00018B/3137